COMO LLEVARSE BIEN CON CASI TODO EL MUNDO

Una guía completa para fomentar relaciones positivas con la familia, amigos y compañeros.

H. NORMAN WRIGHT

EDITORIAL UNILIT

Publicado por
Editorial **Unilit**
Miami, Fl. U.S.A.

Primera edición 1994

Originalmente publicado en inglés con el título:
How to Get Along with Almost Anyone
Word Publishing,

Traducido al español por: Héctor Aguilar

Producto: 490259
ISBN 1-56063-324-7
Impreso en Colombia

Printed in Colombia

Contenido

1

Algunas personas realmente saben llevarse bien con los demás.

Gente, ese es el problema de nuestro mundo!" dijo un hombre en mi oficina de una manera enfática. "Si no hubiera personas, no tendríamos todos estos problemas". Su declaración me pareció un poco rara; pero hablaba de una manera bastante seria. Conforme reflexionaba en sus palabras, me di cuenta que él estaba exclamando lo que mucho de nosotros hemos dicho o pensado: la mayoría de las dificultades en la vida ocurren por causa de otras personas. La vida parece ser un desafío continuo para llevarse bien con los padres, amigos, jefes, empleados, compañeros de trabajo, ministros, feligreses, novios (as), esposos (as), hijos, con el que nos alquila la casa, y todas las demás personas con las cuales tenemos trato en nuestra vida. Desde Adán y Eva, los miembros de la creación humana de Dios han tenido problemas en relacionarse los unos con los otros.

La mayoría de las personas quiere pasarla bien con aquellos que los rodean. Quizás escucharon la curiosa historia del hombre que estaba desesperado por mejorar sus relaciones interpersonales. Fue a una librería y pasó frente a todos los estantes buscando algún libro que lo ayudara a llevarse bien con los demás. Buscó y buscó hasta que finalmente encontró un libro grande con el impresionante título de: *Cómo dar un abrazo*. Al leer el título tuvo tanta confianza de que ese libro le podría ayudar que corrió hacia la caja y lo pagó sin haberlo abierto siquiera. Al regresar a casa, descubrió que el libro no le servía para nada. ¡Había comprado el volumen número 9 de una enciclopedia!

Por más de veinticinco años en mi trabajo de consejero, he hablado con miles de personas que realmente se quieren llevar bien con los demás miembros de la familia, con los amigos, compañeros de iglesia, compañeros de trabajo, y con los vecinos. Nuestras librerías están llenas de temas para ayudar a las personas a llevarse bien con los demás. Y estos libros se venden bien, y reflejan el interés y la necesidad de la gente. Pero a pesar de todos los libros vendidos y leídos, las personas aún siguen teniendo el mismo problema. No es que no sepan qué hacer. Hay información en abundancia. Pero la mayoría de las personas fracasan por no poner en práctica la información de una manera constante.

¿Cuál es la diferencia entre este libro y los otros incontables libros cristianos que ofrecen ayuda en los problemas de las relaciones personales? Para ser honesto, muchas de las sugerencias en estas páginas no son nuevas. Quizás te hayas cruzado con muchas de ellas anteriormente. Pero en este libro he tratado de presentar las ideas de tal manera que resulte fácil integrarlas en sus relaciones personales. Si eres como la mayoría de los cristianos, vas a ser mejor llenándote de información que en realmente vivirla. Este libro de consejos y de ideas te dará otra oportunidad para que empieces a practicar nuevas aptitudes para llevarte bien con los demás.

He tratado de mantener dos cosas en mente conforme escribía este capítulo. Primero, quería que este libro fuera *práctico*. Las sugerencias que vas a encontrar no son precisamente profundas: sino que *son* sencillas y posibles de llevar a cabo. Las estrategias de este libro pueden practicarse, no son solamente para meditarlas. A través de los años, he visto muchas vidas cambiadas por causa de su constante aplicación.

Conforme consideres cada principio en los capítulos que vienen, pregúntate. "¿Ya está funcionando este principio en mi vida? Si es así, ¿quién es testigo de ello? Si no lo es, ¿qué puedo hacer para llevarlo a cabo?" He hablado con muchos que han exclamado: "Oh, me gustaría hacer eso. Quiero tener esas cualidades en mi vida". Pero no sucede nada. Tienes unos enormes deseos y unas metas dignas de admiración, pero sin un plan práctico, estos deseos y metas son en vano. Busca dentro de este libro estrategias prácticas para crecer, y planea el doblarte las mangas de la camisa y ponte a trabajar conforme las añades a tu vida.

Segundo, quería que este libro tuviera *bases bíblicas*. Los mejores principios para llevarse bien con los demás se encuentran en la Palabra de Dios. De hecho, si las personas siguieran las enseñanzas que se encuentran en la Biblia, este libro y otros parecidos no serían necesarios. Los principios de Dios para las personas dan resultado. Pero el llevarse bien con los demás no sucede simplemente por practicar algunas técnicas o por aprender a comportarse de cierta manera. El cambio verdadero debe venir de adentro; tu corazón y tus actitudes hacia los demás están involucrados en esto. La Palabra de Dios debe cambiarnos por dentro antes de que los principios prácticos nos puedan cambiar por fuera.

Las buenas nuevas son que no necesitamos batallar a través de nuestras relaciones con las fuerzas que genera nuestro propio motor. Tenemos a nuestra disposición el poder y la dirección del Espíritu Santo para resolver el problema de las personas. Cuando empecemos a practicar la presencia del Espíritu en nuestro contacto con los demás, nuestras relaciones van a cambiar para bien. Y puesto que Dios está en ellos, estos cambios van a durar.

La clase de personas que se lleva bien con los demás.

¿Quiénes son las personas que conoces que parece ser que se llevan bien con los demás? ¿Qué es lo que tienen de especial? ¿Qué cualidades poseen que los hace tener buen trato con los demás? Es agradable estar con las personas que conozco que se llevan bien con los otros. Muestran un interés genuino en los demás. Cuando están contigo, realmente *están contigo*. Pienso en un hombre que conozco que es muy bondadoso, amistoso, y refinado al tratar con las personas, ya sea que sean sus amigos, sus compañeros de trabajo, o los camareros que le sirven. Su forma agradable de ser no es forzada: es genuina. Y se lleva bien con casi todo el mundo. Cuando estoy con él, me trata como a un individuo. Me acepta como soy y ante sus ojos soy una persona que valgo. Me escucha y aprecia mis contribuciones en las conversaciones.

Un hombre que anima y edifica a otros, tiene compasión y es simpático, llega a las personas en momentos de alegría y en momentos de dolor. Coincide con la descripción de un agradable personaje del que leí recientemente en una novela. Este hombre era conocido como uno que tenía "un corazón grande para todo el mundo". La manera en que mi amigo trata a las personas es la manera en que todos quisieran que los tratasen.

¿Describen estas cualidades la manera en que te gustaría ser tratado? ¿Son evidentes estas cualidades en tu trato con los demás? Lleva tiempo el desarrollar estas cualidades que encuentro en mi amigo. Aún estoy lidiando con ellas en mi propia vida. Afortunadamente, todos tenemos la capacidad para aprenderlas y para ponerlas en práctica.

Niveles de relaciones

Conforme nos movemos a través de nuestras vidas relacionándonos con familiares y compañeros de trabajo, no experimentamos la misma profundidad en las relaciones con los demás. Hay varios niveles diferentes en las relaciones. Por ejemplo, no tienes la misma clase de relación con tu empleado que la que tienes con tu familia. Algunas veces la intensidad de las relaciones es el resultado de la actividad planeada por nuestra parte. Por ejemplo, puedes cultivar a propósito una amistad con una persona que es nueva en la iglesia para que se sienta que está siendo incluida. Pero otras veces las relaciones simplemente suceden —cuando tú eres atraído hacia una persona que tiene los mismos entretenimientos que tú tienes, por ejemplo. Hay muchos factores que van a determinar los diferentes niveles de relaciones que experimentamos con las personas que tienen contacto con nuestras vidas.

Una manera de mirar a las relaciones es el observarlas, ya sea como *casuales* o *asociadas*. Las relaciones asociadas pueden incluir las que hay entre los esposos, padres, hijos, parientes políticos y otros familiares, jefes, compañeros de trabajo, y cualquier otra relación que es valorada como permanente o a largo plazo. Relaciones casuales son las que tienes con los vecinos, amigos lejanos, conocidos, o con cualquier otro con quien te relaciones aparte de aquellas con las que tienes lazos o compromisos permanentes. Las obligaciones con las relaciones asociadas son —o deberían de ser— mayores que las que tenemos con nuestras relaciones casuales. Puesto que las relaciones asociadas son permanentes, hay muy pocas razones válidas para que lleguen a acabarse. Sin embargo, puede que te encuentres en una relación asociada, ya sea con un familiar o con tu cónyuge, que está siendo tratada como una relación casual. La falta de la lealtad que es esperada puede causar grandes problemas en las relaciones y hacer que los individuos no se lleven bien. El aclarar cuáles son las expectaciones, especialmente en las relaciones asociadas, es esencial para llevarse bien con aquellos que están más cercanos a ti.[1]

Habrá algunas relaciones casuales en tu vida que honestamente desearías que no existieran. Por ejemplo, todos hemos tenido compañeros de trabajo con quienes no nos ha gustado estar, simplemente no simpatizamos con ellos. Y todos tenemos relaciones asociadas que desearíamos que fueran sólo relaciones casuales. No tendríamos razón para relacionarnos con algunos de nuestros familiares, ya sea de sangre o adquiridos al casarnos si es que no existiera una conexión familiar. Simplemente no tenemos mucho en común. Pero relaciones de este tipo no necesitan ser irritantes o volverse una carga. Podemos aprender a llevarnos bien con estas personas a través de la dinámica de la presencia de Jesucristo cambiando nuestras actitudes.

Otra estrategia es la de identificar cuatro niveles de relaciones: *mínimas, moderadas, fuertes*, y de *calidad*. Veamos a cada una de ellas por separado.

Relaciones mínimas. Las relaciones mínimas involucran contactos simples, y verbales a nivel superficial, los cuales generalmente son agradables en lugar de hostiles. Las personas con relaciones en este nivel generalmente no dan ni reciben ayuda, apoyo emocional, o amor los unos de los otros. Simplemente se escuchan los unos a los otros cuando es necesario. Tendrás una relación mínima con las personas que no te agrada estar, pero que tienes que relacionarte con ellas hasta cierto grado. La clave para llevarse bien con las relaciones mínimas es el determinar con anterioridad qué tanto necesitas relacionarte con esa persona y después esforzarte por hacer que ese trato sea tan saludable como sea posible.

¿Quiénes son las personas que en tu vida encajan en la clasificación de "relaciones mínimas"? ¿Cuáles son tus sentimientos hacia ellos en estos momentos? ¿Qué tan a menudo oras por ellos y *cómo* oras por ellos?

Relaciones moderadas. Una relación moderada contiene todas las características de una relación mínima, pero incluye una más: un lazo emocional. En las relaciones moderadas, quieres apoyo emocional y estás dispuesto a dar apoyo emocional. Hay una apertura lo cual capacita a ambas partes para escuchar los dolores de ambos, las preocupaciones, las alegrías, y las necesidades. Idealmente, esta apertura es una calle de doble circulación. Pero aun cuando no lo sea, nosotros los creyentes somos llamados a responder con apertura sin que importe cuál sea la respuesta de la otra persona.

El apoyo emocional es el fundamento en el cual se pueden construir las relaciones profundas. Por ejemplo, un matrimonio que no está basado en lazos emocionales entre los esposos no va a ser un matrimonio que satisfaga. A menudo nos convertimos en la catálisis de las relaciones moderadas al tomar el primer paso para abrirnos emocionalmente. La otra persona puede tratar de seguirnos o puede sentirse amenazada por nuestra apertura. Es difícil que alguien confíe en ti si tiene sus emociones retraídas por causa de lastimaduras anteriores. En esos momentos todo lo que puedes hacer es tomar el riesgo de ser abierto y tratar de alcanzar a la otra persona. Es normal que las personas se muevan lentamente hacia la apertura emocional. Lleva tiempo el construir relaciones moderadas.

¿Quiénes son las personas en tu vida que encajan en la clasificación de relaciones moderadas? ¿Qué sientes por ellas? ¿Qué tan a menudo oras por ellas y de qué manera lo haces?

Relaciones fuertes. La diferencia entre una relación moderada y una fuerte se encuentra en la palabra *ayuda*. Las relaciones fuertes se desarrollan cuando realmente te involucras con las personas al tratar de alcanzarlas para ministrarles de maneras tangibles. Estár listo para proveer ayuda cuando la necesiten, y aceptar ayuda de su parte cuando la necesitas.

Para algunas personas, el aspecto de ayudar en una relación fuerte es más fácil que el aspecto emocional. De hecho, muchas personas pasan de largo los lazos emocionales en sus relaciones y sólo se concentran en ayudar. La inversión personal es menor; y sin embargo, las relaciones fuertes *deben* de estar basadas en el apoyo emocional para que el cuidado tenga significado. El tener un falso contacto en apoyo emocional nos lleva a tener unas relaciones pobres. El apoyo emocional es un lazo más fuerte que el ayudar.

¿Quiénes son las personas que en tu vida encajan en la clasificación de relaciones fuertes? ¿Qué sientes por ellas en estos momentos? ¿Qué tan a menudo oras por ellas y de qué manera lo haces?

Relaciones de calidad. Todos los elementos de los niveles anteriores nos llevan al nivel más profundo de todos ellos: las relaciones de calidad. Las relaciones de calidad incluyen el elemento añadido de la confianza. Te sientes seguro con estas personas cuando revelas tus necesidades internas, tus pensamientos, y tus sentimientos. También te sientes libre en invitarles a que compartan contigo sus necesidades, pensamientos y sentimientos internos —y ellos se sienten seguros contigo al hacerlo. Las relaciones de calidad pueden existir entre amigos, esposos, padres, hijos, y aun con compañeros de trabajo. No hay secretos ni barreras. La relación está construida sobre una mutua confianza.

¿Quiénes son las personas que encajan en la clasificación de relaciones de calidad? ¿Qué sientes por ellos en estos momentos? ¿Qué tan a menudo oras por ellos y de qué manera lo haces?

Por qué fracasan las relaciones

El llevarse bien con los demás involucra todas las dinámicas de las relaciones en sus diferentes niveles. No todas las relaciones tienen éxito. ¿Por qué es que algunas fracasan? Creo que hay dos razones básicas, que pueden ser expresadas de muchas maneras diferentes.

La primera razón es el *temor*. Somos gentes temerosas, a menudo nos dejamos llevar más por el temor que por la esperanza. Y cuando vivimos en el temor, levantamos barreras, actuamos y reaccionamos a la defensiva, y fracasamos en ser abiertos y en confiar en otros. Las relaciones que son gobernadas por el temor están en peligro de fracasar.

La segunda razón es el *egoísmo*. Las relaciones —especialmente las relaciones asociadas— se mueven alrededor de la necesidad de sentirse completas. El enfocarse en suplir las necesidades de otros es la mejor manera de llevarse bien con los demás. Pero a menudo se mete el egoísmo por delante y nos concentramos en suplir nuestras propias necesidades antes que las necesidades de los demás. Al aconsejar a los que están por casarse, les pido al hombre y a la mujer que escriban los requisitos personales y que especifiquen cómo les gustaría que su futuro compañero(a) supliera esas necesidades. Nosotros entonces evaluamos las listas para sacar un plan específico de comportamiento. Algunas veces, después de que él o ella han compartido la lista de sus necesidades, el otro empieza a quejarse: "hey, ¿y qué pasa con mis necesidades? ¡Voy a pasarme tanto tiempo supliendo tus necesidades y mis necesidades nunca van a ser cubiertas! Este es el clamor común de la gente egoísta de nuestros días. "Primero quiero ver mis necesidades cubiertas". Pero hay una sola manera de que todas tus necesidades sean cubiertas: cubriendo las necesidades de otros. No quiero decir que debes ser un mártir, una víctima, o un quejumbroso pasivo dentro de la relación en que estás. Simplemente concéntrate en obedecer las Escrituras: "Nada hagáis por contienda o por vanagloria; antes bien con humildad, estimando cada uno a los demás como superiores a él mismo; no mirando cada uno por lo suyo propio, sino cada cual también por lo de los otros" (Filipenses 2:3-4). Si cada persona en las relaciones está queriendo vivir este versículo, todas las necesidades van a ser suplidas.

¿Qué sucede cuando las necesidades no son suplidas? Myron Rush dice:

> Muéstrame a una persona que tenga problemas en sus relaciones y te mostraré una persona con necesidades que no han sido suplidas. Nunca destruyes una relación al suplir muchas de las necesidades del individuo. Sin embargo, el fallar en suplir dichas necesidades en una relación, es la manera más rápida que conozco para destruirla.
>
> Una necesidad no suplida tiene el mismo efecto en tus emociones que la de un martillo cuando golpea uno de tus dedos —ambas cosas acaparan tu atención. De la misma manera que sientes el dolor en tu dedo sientes el

> dolor y la tensión que se genera por una necesidad que no es suplida.
>
> Cuando nuestras necesidades no son suplidas nos empezamos a concentrar en nosotros mismos. Nos retraemos de aquellos que se niegan a suplir nuestras necesidades de la misma manera en que evitamos el golpear nuevamente nuestros dedos con el martillo. A nadie le gusta el dolor de las necesidades que no son satisfechas; hacemos todo lo que está a nuestro alcance para protegernos de tal dolor. Nuestra actitud se torna extremadamente defensiva y protectora. Renuentes a correr cualquier riesgo en la relación que pudiera volver a abrir la herida, pasamos cada vez más tiempo evitando las cuestiones o a las personas que han causado el dolor.[3]

Desafortunadamente, en nuestras vidas hay algunas relaciones temerosas, egoístas, y otras fallidas, las que se vuelven destructivas. No es solamente que la relación ya no crece más, sino que sus componentes se están destruyendo los unos a los otros hasta el punto de deprimirse o de desmoralizarse. Los adolescentes experimentan relaciones destructivas muy frecuentemente; pero tales cosas también ocurren en las vidas de los adultos.

Hay un momento en el cual las relaciones destructivas finalmente se acabarán. Lo he visto en mi consultorio. Creo que los matrimonios deberían de permanecer juntos e intentar resolver sus diferencias. Pero algunos matrimonios se vuelven demasiado destructivos. En la mayoría de los casos de divorcio que yo conozco, los matrimonios, —es lo que yo opino—, se podrían haber salvado si ambos hubieran estado dispuestos a cambiar y a crecer. Pero de vez en cuando encuentro matrimonios en los cuales la pareja se continúa destruyendo y hacen lo mismo con los hijos a través de su egoísmo. En tales casos tan severos puede que la relación necesite terminarse. También he visto relaciones destructivas entre prometidos y amigos que han terminado o que se han reducido a un nivel más bajo.

Me gusta el comentario de Leo Buscaglia en lo que concierne a terminar una relación: "No somos para todos, ni todos son para nosotros. La pregunta es, 'si no podemos estar con una persona, ¿podemos al menos no lastimarla?, ¿podemos, al menos, encontrar una manera de coexistir?'"[4] El disminuir o terminar con una relación destructiva es un acto de compasión y de gracia. Quizás ésta sea la prueba real de la presencia de Jesucristo en nuestras vidas para impactar nuestras relaciones.

Tres cualidades vitales para llevarse bien con los demás

Durante más de veinticinco años como consejero profesional he continuado estudiando, aprendiendo, creciendo, y aun cambiando mis ideas y formas de resolver los problemas de las personas. Pero mientras mis teorías de consejería y mi estilo se han mejorado con los años, un ingrediente ha permanecido más bien sin cambiar. Aún creo que las tres cualidades vitales para llevarse bien con los demás son, *autenticidad, un amor que no sea posesivo, y simpatía*. Estas cualidades fueron primeramente sugeridas a finales de los años cincuenta y han sido sostenidas por más de tres décadas y más de cien estudios de investigación.

Cuando estas tres cualidades están presentes, los terapistas desarrollan relaciones constructivas con sus pacientes, haciendo posible el progreso. Estas cualidades están presentes en los profesores que logran el máximo aprovechamiento por el alumno. Los doctores y las enfermeras facilitan el regreso al estado de salud del paciente al expresar estas cualidades conforme aplican sus conocimientos médicos. Los líderes de negocios y los gerentes reflejan estas actitudes a través de una mayor motivación obteniendo una menor resistencia de sus empleados. Los vendedores con estas cualidades tienden a tener unos clientes más satisfechos. Y estas cualidades son esenciales para disfrutar de un noviazgo, un matrimonio y de una paternidad productivos. Investiguemos más de cerca cómo las cualidades de autenticidad, amor no posesivo y simpatía pueden ayudarte a llevarte bien casi con todos.

Autenticidad. Para llevarte bien con las personas, debes de ser auténtico. Esa es la cualidad de ser quien realmente eres sin tener una fachada o una máscara. Una persona auténtica es capaz de expresar sus verdaderos sentimientos de la manera apropiada, en lugar de reprimirlos o enmascararlos. Cuando una persona está siendo auténtica contigo, como dice el dicho: "Lo que ves es lo que tienes".

Algunas personas encuentran difícil el ser ellas mismas. Qué trágico y que presión es tener que estar actuando siempre. Para ser auténtico, necesitas saber quién eres en realidad y aceptar esa imagen de ti mismo. Cuando siempre te pones una máscara enfrente de los demás, puedes empezar a confundir tu verdadera identidad con el "personaje" que estás representando. Puede que empieces a preguntarte: *¿Quién soy yo realmente?* Ese es uno de los deleites al ser un cristiano; podemos aceptar quienes somos por causa de la manera en que Dios nos ve por medio de su Hijo Jesucristo.

Dale Carnegie una vez entrevistó a un mago llamado Howard Thurston, quien había entretenido a más de sesenta millones de personas en sus más de cuarenta años de carrera. Carnegie le preguntó al mago Thurston por qué había gozado de una carrera con tanto éxito. Thurston admitió que muchos otros magos sabían tanto como él con respecto a esas artes y tenían también el mismo don, pero dijo que él tenía dos cosas que los demás no tenían. Primero, era un maestro del tiempo y de la comunicación. Entendía la naturaleza humana y era realmente un hombre de espectáculos. Segundo, honradamente estaba interesado en las personas. Dijo que muchos magos veían a sus espectadores como un montón de tontos. Pero cada vez que Thurson salía al escenario, se decía a sí mismo: "Estoy agradecido porque estas personas vinieron a verme. Ellos hacen posible que pueda vivir de una manera que realmente disfruto. Voy a dar el mejor espectáculo que pueda ofrecerles. Amo a estas personas".[5]

Me pregunto cuántos empleados de las tiendas se dicen a sí mismos, "Estoy agradecido de que mis clientes vienen aquí a comprar. Voy a atenderlos lo mejor posible". Me pregunto cuantos profesores dicen: "Estoy contento de que estén aquí mis alumnos. Les voy a dar lo mejor de mí". Es raro el escuchar esta clase de actitud en una sociedad que dice "primero yo". Pero eso es ser auténtico. Las personas que muestran su autenticidad de esta manera se llevan bien con casi todos.

Un ingrediente importante de la autenticidad es la sinceridad. Cuando alguien es sincero, puedes descansar y relajarte en la comodidad y seguridad de que esa persona es digna de confianza. La sinceridad también es una cualidad bíblica. Pablo oró que el amor de los creyentes filipenses "abundara aun más y más en ciencia y en todo conocimiento, para que aprobéis lo mejor, a fin de que seáis sinceros e irreprensibles para el día de Cristo" (Filipenses 1:9-10).

Nuestra palabra *sincero* viene del latín y significa "sin cera". En tiempos antiguos, las vasijas de porcelana finas y caras a menudo desarrollaban unas pequeñas rajaduras al ser expuestas al fuego. Los mercaderes deshonestos las untaban con cera hasta que las rajaduras desaparecían, y entonces decían que las vasijas estaban sin defectos. Pero cuando las vasijas se veían a contra luz, la luz revelaba las rajaduras cubiertas con cera. Así que los mercaderes honestos marcaban su porcelana con las palabras *sine cera* (sin cera). Eso es lo que quiere decir una verdadera sinceridad: no hay rajaduras ocultas, no hay motivos ocultos, ni nada por el estilo.[6]

Cuando Cristo está en tu vida, es mucho más fácil el quitarse la máscara y dejar que el auténtico tú se pueda desarrollar. Pero esta autenticidad se desarrollará con el paso del tiempo. Una historia de niños, *The Velveteen Rabbit*, contiene una grandiosa ilustración de la manera en que se desarrolla la autenticidad:

> "¿Qué es real?" una vez preguntó el conejo. "¿Significa cosas que suenan dentro de ti las cuales tienen una agarradera?"

"Lo real no es como has sido hecho", dijo el caballo... "Cuando un niño te ama por mucho, mucho tiempo, no solamente por jugar contigo, sino que *realmente* te ama, entonces te vuelves real. No sucede de un momento a otro", dijo el caballo. "Tú te vuelves real. Toma mucho tiempo .... Generalmente, cuando llegas a ser real, la mayoría de tu cabello se ha caído, tus ojos están cansados, las rodillas ya no están fuertes y estás en malas condiciones. Pero todas estas cosas no importan, porque una vez que eres real, puedes ser feo, excepto para las personas que no lo entienden".[7]

El ser auténtico con otros involucra otro ingrediente con riesgo: Transparencia. Transparencia, la habilidad de ser visto como realmente eres, es algo raro en estos días. Es más seguro y más fácil el utilizar una máscara. Jesús animó a la transparencia cuando dijo: "Bienaventurados los de limpio corazón, porque ellos verán a Dios" (Mateo 5:8). La palabra *limpio* literalmente significa puro, no contaminado, sincero, sin corrupción, sin mezclas, o sin engaño, y honesto en los motivos. Me gozo leyendo la ilustración hecha por Chuch Swindoll con respecto a la transparencia:

Anoche decidí hacer algo que nunca antes había tratado. En mi último cumpleaños mi hermana me dio una máscara de goma que cubría mi cara completamente . . . una de esas cosas locas que te tapan completamente. Me dijo que me daría diez dólares si la utilizaba en el púlpito un domingo (mis hijos doblaron la oferta a quince dólares), ¡pero no podía hacerlo! Bueno, anoche utilicé esa horrible cosa cuando me levanté a hablar. Pensé que si alguien lo podía soportar, ellos podrían hacerlo. ¡Fue una locura!

No hice ninguna alusión a ella. Sin ninguna explicación, sólo me puse de pie y empecé a hablar acerca de ser auténtico. Me quedé allí, diciendo una cosa tras otra hasta que el lugar empezó a descontrolarse. ¿Por qué? ¡Todos saben por qué! Mi máscara canceló todo lo que tenía que decir, especialmente con respecto a *ese* tema.

Es imposible ser muy convincente cuando utilizas una máscara. Finalmente me quité la máscara y el lugar inmediatamente se tranquilizó. Tan pronto sucedió eso, todos se dieron cuenta de lo que quería decir. Es curioso, cuando utilizamos unas máscaras *literales*, no engañamos a nadie. Pero qué fácil es utilizar máscaras invisibles y engañar a centenares de personas semana tras semana. ¿Sabían que la palabra hipócrita proviene de las antiguas obras griegas? Un actor se colocaba una máscara grande enfrente de su cara y citaba las líneas de su comedia conforme el auditorio gritaba de risa. Entonces se iba atrás del escenario y tomaba una máscara con ceño, y triste regresaba citando líneas trágicas conforme la gente lloraba. Imagínense como era llamada esa persona. Un *hipocritos*, uno que utiliza una máscara.

Los siervos que son "limpios de corazón" se han quitado sus máscaras. Y Dios pone una bendición muy especial en sus vidas.[8]

Las personas transparentes son recordadas, apreciadas, y se confía en ellas. La transparencia es una póliza de salud y de seguridad, porque el ser abiertos y honestos con respecto a quién eres tiende a prevenir enfermedades mentales y algunos tipos de enfermedades físicas.

Loy McGinnia nos relata la historia de un siquíatra famoso quien estaba al frente de una reunión en la cual se hablaba de cómo hacer que los clientes fueran más abiertos y transparentes en sus sesiones de consejería. El desafió a sus colegas con una afirmación bastante fuerte: "Apuesto que mi técnica me capacitará para hacer que un paciente me hable de las cosas más privadas durante la primera sesión sin tener que hacer ninguna pregunta de mi parte". ¿Qué fue lo que hizo? Fue muy sencillo. Empezó la sesión revelando al cliente algo muy personal de sí mismo —un secreto que podría haber hecho daño al siquíatra si el cliente hubiera roto la confianza puesta en él. La apertura del doctor hizo el trabajo. Liberó al cliente para que hablara. Y ese es un principio importante. A menudo nos sentamos y esperamos que otro tome el riesgo de abrirse. Pero si nosotros tomáramos la iniciativa de ser transparentes, sería más fácil para la otra persona para que después ella se abriera con nosotros.[9]

Jesús fue una persona transparente. Vivió entre los discípulos y en repetidas ocasiones se abrió ante ellos. Cuando le mal entendieron, le dolió. Quería que entendieran que estaba compartiendo con ellos, así que un día les dijo: "Ya no os llamaré siervos, porque el siervo no sabe lo que hace su señor; pero os he llamado amigos, porque todas las cosas que oí de mi Padre, os las he dado a conocer" (Juan 15:15).

En una relación saludable, los individuos confían lo suficientemente el uno en el otro para volverse transparentes y vulnerables. Se sienten seguros al grado que piensan que la otra persona no va a tomar ventaja de ellos. No hay explotación ni se dan las cosas por hechas. Uno puede ser honesto y abierto con el otro sin temor a ser juzgado.

¿Quiénes son las personas transparentes en tu vida? ¿Hacia quiénes eres tú transparente? Espero que esta cualidad se esté desarrollando en tu vida y que te esté ayudando a llevarte mejor con los demás.

Un amor no posesivo. La habilidad de amar a una persona de una manera que no sea posesiva es una cualidad vital para llevarse bien con los demás. El amor une a las personas. No estoy hablando de emociones sentimentales, sino de amabilidad, justicia, paciencia, y otras tantas características del amor que viene de la Palabra de Dios.

Seamos honestos de una manera frontal. Hay algunas personas con las que trabajas, con las que vas a la iglesia, o con quienes tienes relaciones, y que son personas que a ti no te gustan. Admítelo; ¡Es la verdad! Sin embargo, la Biblia nos dice que amemos a todos. ¿Cómo podemos reconciliar estas dos verdades? ¿Cómo podemos amar a las personas que no nos gustan? El problema es que confundimos el amor con una emoción. El amor no es un sentimiento, sino una actitud y un acto de la voluntad. El amar a una persona significa el desear y hacer lo mejor por los intereses de la otra persona y el buscar las bendiciones de Dios sobre él o sobre ella —¡nos guste, o no nos guste esa persona! De hecho, los individuos que no nos gustan, y aquellos que parecen insoportables generalmente son los que necesitan nuestro amor sin egoísmo, nuestro amor "ágape".

Una ilustración viva de un amor que no es posesivo se encuentra en el libro de Lorraine Hanberry, *Raisin in the Sun*. Walter, un hijo mayor, toma el dinero de la familia, forzando a la familia a vivir en un medio ambiente poco deseable. La familia estaba furiosa en contra de él. Parecía que realmente no quedaba nada que se pudiera amar en Walter. La madre de Walter estaba muy lastimada y desilusionada, pero era lo suficientemente sabia para saber que el amor persiste aun cuando una persona no es deseable. Ella se lo recuerda a la familia en un momento de mucha tensión:

> Siempre queda algo por amar, y si no han aprendido eso, no han aprendido nada. ¿Han llorado en este día por ese muchacho? No quiero decir por ti o por la familia o porque perdimos el dinero. Quiero decir por él; por lo que ha pasado y por lo que esto le afectó a él. Hijo, ¿cuándo crees que es el momento para amar más a una persona; cuando han hecho bien y facilitaron las cosas para todos los demás? Bueno entonces, no han acabado de aprender —porque ese no es el mejor momento. Es cuando está en su punto más bajo y no puede creer ni en sí mismo porque el mundo se lo ha hecho ver así. Cuando empiezas a medir a alguien, mídelo bien, hijo, mídelo bien. Asegúrate de que tomas en cuenta las montañas y los valles por los que ha tenido que pasar para llegar hasta donde está.[10]

Cuando amas a alguien, aceptas a esa persona —aun si él o ella son los pródigos como en el caso de Walter. No estás contaminado por las evaluaciones negativas de los pensamientos, sentimientos o comportamiento de esa persona. No significa necesariamente que apruebas su comportamiento. Puedes estar aceptando y confrontando al mismo tiempo

—aceptas a la persona y confrontas su comportamiento. Pero el énfasis está en aprender a llevarse bien con la persona, expresando un amor no posesivo, "a pesar de".

Empatía. La tercera cualidad vital para llevarse bien con los demás es la simpatía. Quizás la mejor manera de definir esta cualidad es describiéndola con ejemplos.

Hace doscientos años, John Woolman fue un ejemplo vivo de la empatía. El caminó descalzo desde Baltimore hasta Filadelfia para experimentar personalmente algo del dolor que sufrieron los esclavos negros los cuales fueron forzados a caminar descalzos grandes distancias. Al pasar a través de esa experiencia entendió mejor lo que los esclavos habían experimentado.

Hace algunos años en Cleveland, un ejecutivo de una gran compañía de acero renunció a su posición y tomó un trabajo como un obrero común en otra ciudad. Conforme trabajó hombro a hombro con ellos, desarrolló una nueva perspectiva de los problemas que experimentaban los obreros. Su empatía por el proyecto lo llevó al campo de las relaciones laborales y se convirtió en una autoridad en esa área.

Empatía proviene de la palabra alemana *einfulung* la que significa "sentir en" o "sentir con". Empatía es ver la vida a través de otros, sentir como otro siente, escuchar la historia a través de lo que percibe la otra persona. Los cristianos somos llamados a la empatía llevando las cargas los unos de los otros (Gálatas 6:2) y gozándonos con los que se gozan y llorando con los que lloran (Romanos 12:15).

Algunas personas confunden la empatía con la apatía y con la simpatía, todo lo cual puede sonar parecido, pero se trata de algo muy diferente. Simpatía quiere decir que estás muy involucrado en las emociones de otras personas. La simpatía de hecho puede dañar tu fuerza emocional hasta un punto en que seas incapaz de ayudar cuando más se necesita de ti. Apatía significa que estás desentendido de los demás. Empatía quiere decir caminar con otra persona en su mundo interno.

La apatía *no* tiene sentimientos por los demás; la simpatía es sentir *por* los demás: y empatía es sentir *con* los demás. La apatía dice: "No me importa", la simpatía dice: "Oh, pobre de ti"; y la empatía dice: "Parece que hoy has teniendo un día difícil ".

Debemos de tratar de ver a través de los ojos de otros como es que les parece el mundo. La empatía ve el gozo de los demás, percibe lo que está por debajo de ese gozo, y comunica este entendimiento a las personas. Cuando alguien siente empatía para con nosotros experimentamos la satisfacción de ser entendidos y aceptados porque otra persona puede ver nuestro punto de vista. Esa es la clase de satisfacción que les podemos dar a otros conforme les expresamos nuestra empatía.[11]

¿Qué es lo que le puedes ofrecer a los demás? Qué ¿por qué hago tal pregunta? Porque lo que les ofreces a las personas con las cuales estás tratando de llevarte bien es lo que ellos te van a devolver. Si ofreces ira, es muy probable que recibas ira a cambio. Si ofreces críticas, a cambio serás criticado. Pero si ofreces interés, compasión, respeto, y amor, probablemente estarás al final de la línea para recibir lo mismo.

¿Has tratado alguna vez la prueba de la acera? Cuando camines por una acera con mucha gente, a propósito pon mala cara a las personas que vienen hacia ti. No te sorprendas si te miran también con mala cara o se alejan de ti. Después saluda a las personas con una sonrisa amistosa. La mayoría de las personas responderán de una manera parecida, y quizás alguno se anime a decirte algunas palabras amistosas.

Cuando te subas a un ascensor con mucha gente y empieces a quejarte de la espera, los gentíos, la lluvia, o el calor, te vas a encontrar con otros que se unen a tus quejas. Pero si dices un chiste, o expresas humor por el mal tiempo, o señalas algo positivo, los otros responderán de una manera positiva. ¿Te habías dado cuenta de cuánta influencia podías tener en los demás? ¡Es sorprendente! Realmente tienes el poder de llevarte bien con casi todo el mundo. Puede que tenga que haber ciertos ajustes de parte tuya, pero tú *puedes* hacerlo.

2

Primera tarea: Llevándote bien con el número uno

Jim había estado viniendo a sesiones de consejería por cerca de seis meses. Cada semana terminábamos hablando de su problema básico: la gente. Jim no se llevaba bien con su familia, sus compañeros de trabajo, ni con las personas en general. Parecía que no teníamos ningún progreso en nuestras sesiones, hasta que un día, en una de ellas, Jim descubrió algo asombroso, aparentemente por accidente. El dijo de una manera, casi bromeando: "Norm, algunas veces me pregunto si mi problema de no poderme llevar con los demás es que ni siquiera puedo llevarme bien conmigo mismo". Jim tenía razón. El no era muy amistoso con los demás porque ni siquiera era amistoso consigo mismo. El se había tropezado con un principio fundamental de las relaciones interpersonales: No puedes llevarte bien con los demás si tienes dificultades en llevarte bien contigo mismo. La manera en que tratas a los demás refleja la manera en que te tratas a ti mismo.

Un amigo es alguien a quien tratas con gran aprecio. Te gustan sus cualidades, aceptas sus áreas fuertes y sus debilidades, y disfrutas de su compañía. ¿Pero eres un amigo para contigo mismo? ¿Te deleitas en tus cualidades positivas, aceptas tus cualidades negativas, y generalmente gozas de ser tú mismo? No estoy hablando del engaño de tratar de buscar ser el número uno a toda costa, empujándote siempre hacia adelante. Me estoy refiriendo a la sana aceptación, la cual es sugerida en las palabras de Jesús: "Ama a tu prójimo como a ti mismo" (Mateo 22:39). Antes de que te puedas llevar bien con los demás como Cristo mandó, tienes que aprender a aceptarte y a amarte.

Date un descanso

Todos hemos escuchado a personas exclamar con frustración: "¡Déjame en paz!" Generalmente están expresando que se sienten agobiados y presionados por las circunstancias. Sienten como si el mundo se viniera sobre ellos. ¿Alguna vez te has dicho eso a ti mismo? ¿Pones algunas veces demasiada presión sobre de ti o eres tan estricto contigo mismo que llegas a decir: "¡Déjame en paz!" ¿Son las expectaciones que tienes de ti mismo tan altas que eres demasiado crítico de ti mismo? Yo soy culpable en esta área. Muchas veces espero demasiado de mí mismo intentando hacer demasiadas tareas a la misma vez o sobrecargando mi horario. No nos damos cuenta que la presión injusta que colocamos en nosotros mismos eventualmente se reflejará en la presión injusta que colocamos sobre las otras personas con quienes estamos tratando de llevarnos.

Prefiero mejor el anuncio de hace algunos años que decía: "Mereces un descanso en este día". Eso es lo que deberías de decir cuando estés tentado a ser demasiado duro contigo mismo. La Palabra de Dios nos dice que seamos amables los unos con los otros. ¿Pero estás siendo amable contigo mismo? ¿Y qué acerca de las otras cualidades bíblicas que debemos expresarles a los demás —gracia amor, perdón, paciencia y las otras que podíamos mencionar? ¿Te aplicas estas cualidades? La única manera en que puedes realmente expresar estas cualidades a los demás es aprendiendo a expresártelas a ti mismo primero.

Merecemos el descanso de aceptarnos a nosotros mismos como somos, con imperfecciones y todo. La autoaceptación no siempre me ha sido fácil. Algunas veces soy muy duro con mi persona. ¿Sabes qué es lo que más me ha ayudado en esta área? Es el saber que Dios me ama como soy. Su aceptación es mi fuente de seguridad y de consuelo. Y El también te ama y te acepta a ti. La extensión de su gran amor se ve en su disponibilidad para adoptarnos como sus propios hijos (ver Juan 1:12 y I Juan 3:1-2). Si Dios puede aceptarnos de la manera en que somos, ¿por qué no debemos de hacer lo mismo nosotros? Siempre me animan en esta área las palabras de J. I. Packer en su libro *Conociendo a Dios:*

> Hay un tremendo alivio al saber que su amor por mí es realmente verdadero, basado en el conocimiento previo que tiene de lo peor de mi persona, así que ahora ningún descubrimiento puede desilusionarlo de mí, de la manera que yo me desilusiono acerca de mí mismo, ni nada puede apagar su decisión de bendecirme. Hay, ciertamente, razones que me hacen humillarme con el pensamiento de que El ve todas las cosas que están mal en mí, las que los hombres no pueden ver (¡y me da gusto que esto suceda!), y el hecho de que El ve aun más corrupción de la que . . . yo veo en mí mismo. Hay, sin embargo, un incentivo igual de grande para adorar y amar a Dios en vista de qué, por una razón que no logro comprender, él me quiere como su amigo, y desea ser mi amigo, y ha dado a su Hijo para que muriera por mí para poder llevar a cabo este propósito.[1]

El saber que Dios nos ama y nos acepta es la clave para una sana autoestima. Pero muchas personas están confundidas por los términos autoimagen, autoestima, amor propio, autoentrega, la autocrucifixión, la autonegación y el autorespeto. La humildad y el orgullo parece que están mezclados. En su sobresaliente libro, *Healing Grace*, David Seamands lo llama "un lío tremendo", Sin embargo, las Escrituras claramente infieren que un amor propio correcto constituye las bases para relacionarse con los demás (ver Levítico 19:18,34; Mateo 19:19; 22:39; Lucas 10:27; Romanos 13:9; Gálatas 5:14; Santiago 2:8). Seamands comparte los siguientes pensamientos:

> En *todos* los lugares las Escrituras asumen que un amor propio correcto, el cuidar por uno mismo, y el apreciarse a sí mismo es algo normal, y *en ningún lugar* nos dice que nos odiemos o que nos despreciemos a nosotros mismos, o que nos obliguemos a una autodepreciación.
>
> El negarse a uno mismo consiste, no en negar nuestro valor, sino nuestra voluntad, y en el abandono de buscar la gloria para nosotros mismos. La crucifixión del yo es nuestra disponibilidad para renunciar al yo carnal y al gloriarnos en nosotros mismos permitiéndonos que el yo sea puesto a muerte en la cruz junto con Cristo. No significa que renunciamos o despreciamos los dones que Dios nos ha dado; significa que se los entregamos a Dios para que sean utilizados para su gloria. El orgullo, de la manera en que se utiliza en la Biblia, es una deshonesta estimación de nosotros mismos. Pablo nos advierte en contra de esto: "Digo, pues, por la gracia que me es dada, a cada cual que está entre vosotros, que no tenga más alto concepto de sí que el que debe tener, sino que piense de sí con cordura, conforme a la medida de fe que Dios repartió a cada uno" (Romanos 12:3). De la misma manera en que Pablo nos recuerda que somos salvos a través de la gracia por medio de la fe y que eso no es de nosotros mismos, él también nos recuerda que la gracia de Dios y nuestra fe también nos dan una imagen honesta y exacta de nosotros mismos.[2]

Deja un margen para tus puntos débiles

En la mitología griega, Aquiles era un gran guerrero. Su madre lo sumergió en el río Styx cuando era un pequeñuelo para hacerlo invulnerable a los ataques. Las mágicas aguas del río cubrieron todo, excepto el talón por donde estaba sujetándolo su madre. Conforme llegó a la edad madura, Aquiles conquistó a todos sus enemigos. Fue invencible en la guerra de Troya hasta que su enemigo Paris le dio con una flecha en el único lugar vulnerable: el talón.

Todos nosotros tenemos talones de Aquiles. Son nuestros puntos débiles, las áreas vulnerables de nuestras vidas. Podemos aprender a través de nuestras debilidades y permitir que nos desafíen a crecer y a mejorar. Pero muy a menudo las personas ignoran sus debilidades y permiten que se esparzan a otras áreas de sus vidas. Otras personas ignoran sus fuerzas y ven sólo sus debilidades. Al enfocarse en sus talones de Aquiles, dan a sus debilidades una mayor influencia en sus vidas.

No deberíamos ni ignorar ni acentuar nuestras debilidades. Cualquier extremo va a afectar la imagen que tenemos de nosotros mismos. El llevarte bien contigo mismo involucra el identificar y enfrentar tanto tus áreas fuertes, como tus debilidades individuales.

El ejercicio siguiente te ayudará a aprender más acerca de cómo te ves a ti mismo. Completa cada una de las oraciones que tienen las palabras "excepto por" y "si sólo" para que te ayuden a identificar tu talón de Aquiles. Después comparte tus respuestas con un amigo en quien confíes o con un familiar y pídele su opinión acerca de tus observaciones.

Generalmente me siento bien conmigo mismo excepto por...
Me siento bien con mi cuerpo y mi apariencia excepto por...
Generalmente estoy en control de mi vida excepto por...
Generalmente estoy en control de mis emociones excepto por...

Me llevo bien con las personas la mayor parte del tiempo excepto por...
Creo que las otras personas me ven como alguien bueno excepto por...
Generalmente hago buenas decisiones y elijo bien en las cosas de la vida excepto por...
Cuando me veo en el espejo, me siento satisfecho de mí mismo excepto por...
Estaría más satisfecho con mi vida si sólo...
Mi familia estaría más satisfecha conmigo si sólo...
Mi matrimonio o mis relaciones familiares serían mejores si sólo...
Me podría aceptar mejor a mí mismo si sólo...
Me podría llevar mejor con los demás si sólo...
Podría alcanzar mejor a los demás si sólo...
Podría vencer mis debilidades si sólo...

¿Qué aprendiste con respecto a ti mismo? ¿Descubriste cuáles son tus talones de Aquiles? ¿Indicaron tus respuestas que eres un amigo para ti mismo a pesar de las debilidades?

El doctor Harold Bloomfield ha estado ayudando a clientes y a participantes de seminarios por más de quince años para que lidien con sus debilidades. El les pregunta: "¿Cuál es su talón de Aquiles?" Las respuestas que ha recibido caen en cinco categorías principales: (1) Tengo miedo de volver a ser lastimado; (2) Cuando me veo al espejo, nunca estoy completamente satisfecho; (3) No puedo soportar las críticas; (4) Siempre me siento tenso y de prisa; (5) Desearía poder ser más feliz.[3] ¿En qué se parecen estas declaraciones a tus respuestas?

¿Te has dado cuenta que el talón de Aquiles es muy pequeño? ¡Mas sin embargo una herida en ese lugar tan pequeño puede inmovilizar completamente a una estrella del baloncesto que mida 2.10 mts. de altura! Similarmente, muchos de nosotros les permitimos a debilidades aparentemente insignificantes que dominen nuestras vidas mientras que despreciamos nuestras más obvias áreas fuertes y los dones espirituales. Una mujer a la que le di sesiones de consejería me dijo que su nariz por ser tan grande arruinaba por completo su apariencia. Otra mujer me dijo que había sido rechazada por un chico cuando tenía diecisiete años y ha estado buscando desde entonces el defecto que él vio en ella, y aún no podía confiar en los hombres. Un hombre de cuarenta años admitió delante de mí que había cometido un pequeño error en el trabajo hacía tres años y que desde ese incidente se había estado viendo como un rotundo fracaso.

Debemos de aprender a mantener nuestras debilidades en la proporción correcta. Un cliente recientemente vino a una sesión de consejería y me dijo: "Norm, déjame hablarte de mí. Estas son mis fuerzas", y me hizo un listado. Después detalló sus debilidades, añadiendo: "Estoy tratando de hacer lo que más puedo por cambiar las primeras tres. Pero dudo mucho de que pueda hacer algo por las otras dos, puesto que involucran una habilidad natural. Pero continuaré participando en esas áreas, ya que gozo de dichas actividades".

Inmediatamente me di cuenta de que el hombre que me estaba hablando era una persona balanceada. El no se describió a sí mismo por sus debilidades, pero las mantuvo en la perspectiva correcta. Se apreciaba de la manera que era, aceptaba y trataba sus debilidades como parte del "paquete". Desearía que mi gente pudiera hacer lo mismo.

Una vida sin lamentos

He hablado con varios individuos que mantienen una larga lista de cosas por las cuales se lamentan en su vidas. Para muchos de ellos, sus vidas presentes parecen estar ensombrecidas por las debilidades y los fracasos del pasado. Algunos de nuestros lamentos están profundamente grabados en el subconsciente y nos son inaccesibles. Pero la mayoría de ellos están muy cercanos a la superficie y estamos conscientes de ellos y sentimos su impacto. El aferrarnos a las cosas de las cuales nos lamentamos es como si celebráramos un aniversario de nuestros fracasos —excepto que los sentimientos de ese tipo vienen más de una vez al año. Gastamos tanto tiempo y energía conmemorando estos eventos negativos del pasado que encontramos difícil el llevarnos bien con nosotros y con los demás.

Vencerlos es un paso importante para aprender cómo llevarnos bien con nosotros y con los demás. El proceso para vencer a esos lamentos es modelado por el proceso por medio del cual los veteranos de guerra, policías, bomberos, y otras víctimas de experiencias traumatizantes vencen sus recuerdos dolorosos. El primer paso es enumerar las cosas por las cuales te lamentas en tu vida. Por ejemplo, aquí está la lista hecha por un hombre de cuarenta y cinco años de edad:

Lamento no haber pasado suficiente tiempo con mi hijo antes de que partiera de casa.
Me lamento por haber vacilado en hablar cuando tenía sentimientos o pensamientos con respecto a ello.
Me lamento el haber estado tan ocupado en el trabajo que me perdí las actividades de mis hijos.
Me lamento por haber dejado que los temores controlaran mi vida y que limitaran mi productividad.
Me lamento por no haberle dicho a mi esposa cuánto me interesaba.
Me lamento por todas las veces que he mentido para salir de situaciones difíciles.

El segundo paso es hacer una lista de cómo es que esas cosas han afectado tu vida. Después escribe lo que piensas que podría ser tu vida si esos recuerdos que tienes ya no fueran lamentos, si no sólo hechos históricos que ya no pueden afectarte más. Antes de que sigas leyendo, tómate un tiempo para llevar a cabo estos dos pasos en una hoja de papel.

El tercer paso es el darle a Jesucristo aquellas cosas por las cuales te lamentas. Si tu lamento involucra alguna cosa pecaminosa del pasado, acepta su perdón y perdónate a ti mismo. Recuerda las palabras de confianza del himno de Carlos Wesley: "El rompe el poder del pecado, el liberta al prisionero". Si tu lamento es un fracaso y no un pecado, repítete a ti mismo que no necesitas estar dominado por el pasado, decide continuar tu vida libre de los efectos de tal fracaso. Si tus lamentos involucran tu comportamiento o reacciones que puedes cambiar, escribe cuál es el plan que tienes para cambiar.

Conforme haces este ejercicio, alaba a Dios por la libertad que te da al sentirte libre de los efectos de las cosas por las cuales te lamentabas. La alabanza es un bálsamo sanador para los recuerdos dolorosos y para los "si sólo". El Dios al cual alabas te proveerá de toda la fuerza que necesitas para vivir más allá de tus lamentos. Lloyd Ogilvie escribió:

> El alabar a Dios nos hace que estemos dispuestos y libera nuestra imaginación para ser utilizada por El para formar la figura de lo que El está tratando de terminar en nuestras vidas. Una voluntad resistente nos hará muy poco creativos y hará que nos haga falta una visión llena de aventuras que nos permita utilizar la capacidad de nuestra imaginación. Dios quiere utilizar nuestra imaginación para pintar la figura del lugar al cual nos está guiando, para que nos atrevamos a tener una esperanza y una expectación. Nos convertiremos en lo que pensamos, bajo la *dirección del Espíritu.* Por eso es que la noción propia que tenemos acerca de nosotros, de otras personas, de nuestras metas, y de nuestros proyectos, necesita de nuestra imaginación. Sin embargo, hasta que el Espíritu Santo empiece a liberarla, nuestra voluntad mantiene a nuestra imaginación inmadura y sin moverse.[4]

Ten cuidado con los obstáculos del camino

Muchos obstáculos nos impiden el llevarnos bien con nosotros mismos. Pero dos de ellos son los más comunes y los que más nos debilitan. Las buenas nuevas son que ambos obstáculos pueden ser eliminados.

El temor. Algunas personas son tan controladas por el temor, que se vuelven inútiles en sus esfuerzos por aceptarse a sí mismas y en relacionarse con los demás. El temor detiene y paraliza a las personas, impidiéndoles que saquen el mayor provecho de la vida. El temor impide que hagan algún cambio que les permita relacionarse mejor con los demás.

Muchas de las personas con las que he hablado tienen miedo de la muerte; pero le tienen aun más miedo a la vida. Experimentar todo el potencial de la vida es una amenaza para ellos. Emocionalmente están paralizados y se niegan a participar de las muchas experiencias normales de la vida y de las relaciones con otros. Tienen miedo de ser lastimados, de ser rechazados, de cometer algún error, de mostrar sus imperfecciones, y de fracasar como personas. El temor hace que eviten el tomar riesgos y que se vuelvan vulnerables. Se convierten en tortugas que viven en un caparazón defensivo, inamovible y apartado de la vida.

El temor es una fuerza poderosa y *negativa*. Te obliga a ir hacia adelante e inhibe tu progreso al mismo tiempo. El temor es como una cuerda alrededor de tu cuello que se aprieta si te mueves en la dirección equivocada. Aquellos que tienen miedo de lo que la gente piensa de ellos parece como si estuvieran caminando sobre cáscaras de huevo. Al sobreenfatizar las respuestas de otros, equivocadamente les dan a los demás el poder de determinar su valor. Una preocupación demasiado grande por la respuesta de los demás refleja la lucha en la que se encuentra una persona para llevarse bien consigo mismo.

El temor también es como un película que continuamente vuelve a mostrar nuestras experiencias más terribles, nuestros momentos más bochornosos, los rechazos, fracasos, heridas, y desilusiones. Estas imágenes continuas hacen que una persona diga: "No puedo hacerlo; puede que fracase". ¿Te has dicho alguna vez a ti mismo: "Nunca me voy a poder llevar bien con esas personas. Nunca me voy a poder aceptar a mí mismo. Nunca me voy a poder llevar conmigo mismo. Nunca me voy a gustar a mí mismo"? Si es así, déjame decirte que has estado viendo muchas películas de espantos de tu pasado.[5]

En antídoto para el temor es la esperanza. La esperanza es una fuerza poderosa y *positiva*, una fuerza que motiva y que puede cambiar tu vida. Puede cambiar la manera en que te relacionas con los demás y contigo mismo. Es como un imán que te impulsa hacia tu meta. La esperanza es como un película que continuamente muestra las escenas de las oportunidades, de los cambios, y del potencial para ti y para tus relaciones. Y la cinta sonora de esa película es el mensaje de esperanza de Dios para nosotros: "Puedes hacerlo. Confía en mí y permite que te libere de la prisión de tus temores".

¿Cuál es la película que estás mirando —la del temor o la de la esperanza? ¿Tienes esperanzas en ti mismo? ¿Tienes esperanzas en tus relaciones con las personas con quienes encuentras difícil llevarte? Toma para ti la esperanza de la cual escribió Pablo: "Porque no nos ha dado Dios espíritu de cobardía, sino de poder, de amor y de dominio propio" (II Timoteo 1:7).

Perfeccionismo. Un segundo obstáculo formidable para lograr llevarnos bien con nosotros mismos es la actitud del perfeccionismo. Una perfección se esfuerza por estar completa y sin errores en todas las áreas de la vida. Se piensa, *si no cometo equivocaciones, no me puedo criticar a mí mismo ni otros pueden criticarme tampoco. Si soy perfecto en todo, me puedo aceptar a mí mismo y llevarme bien con los demás.*

Nunca he conocido a un perfeccionista que haya tenido éxito —ni tampoco tú lo has conocido— porque es imposible el ser perfecto. El perfeccionismo es una parte de nuestra imaginación. Y sin embargo, la actitud del perfeccionismo, al igual que su primo cercano, el temor, a menudo domina la vida de las personas. Si es que los perfeccionistas tienen problemas en llevarse consigo mismos es porque continuamente fracasan en cumplir sus metas y expectaciones las cuales son irreales. Aun cuando una tarea tenga noventa por ciento de éxito, el perfeccionista la considera un rotundo fracaso porque no tuvo cien por ciento de éxito.

Por causa de la constante frustración de no ser perfectos, los perfeccionistas son personas que continuamente están molestas. No pueden aceptarse a sí mismas porque continuamente se consideran menos que aceptables en sus logros. También son los que critican y no perdonan a los demás por causa de sus imperfecciones. Si estás atrapado por una actitud de perfeccionismo, vas a tener problemas en llevarte contigo mismo y con todos los demás.

Dios no nos llamó para que viviésemos vidas perfectas, pero El nos llamó a crecer, a mejorar, a trabajar hacia el nivel de la excelencia. La excelencia es lo que se entiende como sobresalientemente bueno, o de un mérito excepcional. Aun cuando somos imperfectos, todos tenemos el potencial para alcanzar la excelencia en algunas áreas de nuestras vidas al mismo tiempo que tenemos que aceptar nuestras debilidades en otra áreas. Por ejemplo, aun cuando estoy aprendiendo y creciendo continuamente como consejero profesional, me he dado cuenta de una cierta cantidad de éxito en este campo. En contraste, he aprendido a aceptar el hecho de que nunca voy a poder lograr la excelencia trabajando con mis manos. Como estudiante de secundaria, trabajé durante tres semanas en la clase de tallado de madera construyendo un velero de juguete. Cuando se lo mostré al profesor, me dijo: "Norm, te agradezco que me hayas dicho lo que eras. ¿Alguna vez has pensado en cambiarte a la clase de mecanografía?" Y recientemente comprobé mi apodo "el tres dedos", al tratar, fracasar, y finalmente tener éxito en armar un librero que decía "fácil de armar".

Cuando trabajas teniendo como meta la excelencia, haces lo que haces, al nivel de tu mejor habilidad. Dejas un espacio en tu vida para el crecimiento, y para perdonarte por no llegar tan lejos como querías, y por las imperfecciones. Cuando luchas en alguna área, piensas en tu éxito y en las fuerzas que tienes en otra áreas. Y permaneces siendo flexible, porque las personas que son flexibles son las que tienen más oportunidades para llevarse bien con los demás —incluyéndose a ellos mismos.[6] Veremos la importancia de la flexibilidad en el capítulo siete.

Libertad para fracasar

¿Cómo te sientes cuando cometes un error o cuando estás equivocado? ¿Terrible? ¿Horrible? ¿Completamente deprimido? Muchas personas se sienten de ésa manera; pero otros aprenden a aceptar las imperfecciones de su humanidad. Para llevarte bien contigo mismo, necesitas tomar tus errores de una manera positiva.

Estoy intrigado por las siguientes declaraciones, las que sobresaltan el lado positivo al cometer errores:

Por qué es bueno el cometer errores

1. Temo el cometer errores porque veo todo en términos absolutos y perfeccionistas —un sólo error y todo está arruinado. Esto es algo erróneo. Una equivocación ciertamente no arruina lo que pudo haber estado completamente bien.
2. Es bueno cometer errores porque así aprendemos —de hecho, no vamos a aprender al menos que cometamos errores. Nadie puede evitar el cometer errores —y puesto que va a acontecer de cualquier manera, podemos aceptarlos y aprender de ellos.
3. El reconocer nuestros errores nos ayuda a ajustar nuestro comportamiento para así poder obtener resultados con los que quedemos más complacidos —así que podemos decir que, al final, los errores nos hacen más felices y hacen que las cosas sean mejores.
4. Si les tenemos temor a los errores, nos quedamos inmó viles —tenemos miedo de hacer o de tratar cualquier cosa, puesto que podemos, (de hecho, probablemente nos sucederá), cometer otros errores. Si restringimos nuestras actividades para así no cometer más errores, entonces realmente nos estamos derrotando a nosotros mismos. Mientras más intentemos y mientras más errores cometamos, más rápido aprenderemos y al final seremos más felices.

5. La mayoría de las personas no se van a enojar contra nosotros ni les vamos a dejar de gustar por cometer errores —todos ellos cometen errores y la mayoría de las personas no se sienten bien estando alrededor de personas que son "perfectas".
6. No nos vamos a morir por cometer errores.[7]

Cuando la cantante Marian Anderson estaba empezando su carrera, los miembros de su iglesia en Filadelfia hicieron una colecta de monedas de centavo, cinco centavos, y diez centavos para ayudarla a que llegara a Nueva York para su debut como cantante en el Palacio Municipal. Pero a Marian le hacía falta madurez y experiencia, y los críticos la masacraron. Regresó a Filadelfia derrotada y no quería darle la cara a sus amigos, su depresión le duró más de un año.

Pero la madre de Marian Anderson no se dio por vencida con su hija. Le dijo: "Marian, el fracaso sólo es temporal, la gracia tiene que venir antes de la grandeza. ¿Por qué no piensas menos en el fracaso y te pones a orar más?"

Marian Anderson siguió el consejo de su madre y continuó en su camino para ser una gran cantante. A cambio, ella ha animado a otros cantantes que luchan a través de sus momentos de fracasos y de desesperación.

A Charles Knight, el jefe ejecutivo de *Emerson Electric*, se le pidió que hiciera un comentario acerca de los ingredientes del buen manejo de negocios. El respondió: "Necesitas tener la habilidad para fracasar. Estoy sorprendido de las organizaciones que colocan un medio ambiente alrededor de su personal en donde no permiten que se equivoquen. No puedes tener innovaciones al menos que estés dispuesto a aceptar algunos errores".[8]

Algunas personas piensan que los errores son fatales. Esto es un mito. El fracaso y la habilidad de aprender del fracaso, producen un éxito que perdura.

El crítico interno

Si eres como la mayoría de nosotros, empezaste tu vida de adulto con muy poco. Te instalaste en tu primer apartamento con muebles de segunda mano, aparatos y utensilios de cocina donados por amigos y familiares. Algunos de los muebles ni siquiera estaban en buenas condiciones, y había días cuando te daban ganas de tirar todo por la ventana. Pero no podías darte el lujo de amueblar tu apartamento con muebles nuevos, y era incómodo el sentarte, comer y dormir en el piso. Así que te quedaste con el sillón roto, las sillas rotas, y los platos astillados hasta que pudieras ir reemplazando una cosa a la vez.

Tu mente se parece a un apartamento. Como un joven adulto, muchos de los pensamientos y de las ideas que tienes de ti mismo te fueron dadas por tus padres, amigos, maestros, y otros que te influenciaron conforme ibas creciendo. Algunos de esos pensamientos pudieron haber sido negativos, críticos y aun pecaminosos. Conforme has ido creciendo estos pensamientos han hecho que no tengas una buena imagen de ti mismo y que por lo tanto no te puedas aceptar. Pero no puedes simplemente vaciar tu mente de esos pensamientos negativos. No puedes vivir en un vacío mental. Debes reemplazar los pensamientos negativos y críticos que te han sido dados con pensamientos bíblicos positivos.

Herman Gockel hace una declaración interesante acerca de la mente que está vacía:

> Involucra mucho más que simplemente el deshacerte de los pensamientos negativos y que no valen la pena. De hecho, el concepto de "librarte" es una señal de pensamientos negativos. Tendremos éxito en esta área, no en la medida en que vaciemos nuestras mentes de pensamientos negativos y denigrantes, sino más bien en la medida en que las llenemos con pensamientos que sean puros y que nos animen. La mente humana nunca puede estar vacía. Aquel que piensa que puede mejorar lo que

existe en su alma simplemente quitando aquellas cosas que son indignas, se dará cuenta que por cada cosa indigna que saque por la puerta trasera muchas más entrarán por la puerta de enfrente (Ver Mateo 12:43-45). No es sólo cuestión de echar fuera. Sino también es cuestión de analizar, elegir, admitir, y cultivar aquellos talentos que han probado que son deseables.[9]

¿Qué es lo que te dices con respecto a ti mismo? Tus pensamientos internos con respecto a ti mismo reflejan tu autoestima. A través de los años he escuchado a muchas personas que hacen declaraciones tales como las siguientes las cuales revelan cómo se están llevando (o cámo no se están llevado) consigo mismos:

¿Cuándo aprenderé a hacerlo bien?
No puedo resolver mi vida.
No soy una persona creativa.
¡Lo único que sé es que va a ser un día terrible!
Simplemente me dan miedo las situaciones nuevas.
Hombre, ¡eso me va a costar trabajo!
Cada vez que logro perder de peso, sólo se está escondiendo y en la esquina siguiente vuelve a aparecer.
No puedo confiar más en él.
Si sólo tuviera los descansos que él tiene.

Las declaraciones negativas como éstas dan resultados —¡pero no del tipo que tú estás esperando! Son profecías que se van a cumplir por sí mismas. Mientras más te las digas, más se convertirán en realidad. Por ejemplo, cuando dices: "Esto va a ser difícil", te estás alistando para pasarla mal. Aun cuando las posibilidades de dificultades sean grandes para las personas a las cuales aconsejo, las trato de animar a que digan: "Esto va a ser difícil, pero puedo aprender a hacerlo". Ayuda a cambiar un pensamiento negativo en una declaración realista y positiva.

También encontramos difícil el aceptarnos cuando nos hablamos en términos negativos y críticos. Es como vivir con una persona que critica todo el tiempo —¡y esa persona vive dentro de ti! El crítico interno continúa inspeccionando tus pensamientos y tus acciones con un vidrio de aumento que convierte las pequeñas imperfecciones en unos problemas gigantes. Cuando eras un niño, se te enseñó a que no le respondieras mal a las personas que son figuras de autoridad que te criticaban y te corregían. Pero si aún continúas con una imagen de autoridad dentro de ti que te sigue criticando, ha llegado el momento de que hables y la pongas en su lugar —tal lugar no es dentro de ti, por supuesto.

Si batallas criticándote a ti mismo, quizás sea porque sufres de sentimientos de inseguridad. A menudo la ansiedad conectada con dudar de la aceptación de parte de otros, te hará que te esfuerces para alcanzar los ideales que otros tienen de ti. Complaces a los demás, te adjudicas unas metas excesivamente altas para ti. Puede parecer que tengas éxito externamente, pero internamente no puedes cumplir con los ideales irrealizables —y tu crítico interno nunca te va a permitir olvidarlo. Puede que otros aplaudan la máscara que pueden ver, pero por dentro tú piensas, *si tan sólo lo supieran*. El tú real no tiene la oportunidad de salir a la superficie por causa de la presión que ejerce la máscara. Algunos llaman a esto el complejo del impostor —la pretensión de ser una cosa, mientras se batalla con el temor de que otros descubran quién eres realmente. Mientras continúes peleando esta batalla, que es alimentada por los pensamientos y sentimientos tanto negativos como críticos, vas a tener problemas en conectarte con otras personas.[10]

Tomemos una posición práctica para tratar con el tirano crítico que se encuentra en tu mente. Crea una orden de destierro para tus pensamientos negativos y reemplázalos con pensamientos positivos. Divide una hoja de papel blanco en dos columnas. En la columna de la izquierda, escribe algunos (al menos tres, pero no más de quince) comentarios críticos o negativos que tiendes a hacer de ti mismo. En la columna de la derecha, vuelve a escribir cada comentario negativo en una declaración positiva y explica qué es lo que intentas hacer para cumplir tal declaración. No digas de más ni de menos en lo que respecta a tus capacidades; sé honesto con respecto a lo que puedes y a lo que no puedes hacer. Por ejemplo, si te criticas por no ser capaz de entonar una melodía, no digas que vas a convertirte en un gran cantante. Simplemente di que está bien el no ser apto para la música y que aceptas tu inhabilidad para cantar.

He aquí un ejemplo:

Lado crítico	*Lado positivo*
No puedo salir adente con mi trabajo, no tengo la habilidad necesaria.	Tengo algunas capacidades. Si mis habilidades no encajan en esta posición, puedo probar algunos exámenes vocacionales. No soy un deficiente.
La presión de este trabajo y la de mi familia son demasiado. No la puedo soportar.	Tengo muchos más recursos de los que pienso. Voy a compartir con mi familia cómo me siento y les voy a pedir su ayuda.
Algunas veces deseo el poder ser alguna otra persona. Tengo tantas fallas.	Tengo tanto que ofrecerme a mí mismo y a los demás. Soy una persona a la que le gusta escuchar y soy amable. Es cierto que me estoy quedando calvo pero ese no es un defecto. Es parte de la edad. Me voy a dar tres afirmaciones positivas cada mañana.

El próximo paso es el hacer una lista de los logros pasados acerca de los cuales te sientes bien. ¿En qué actividades has tenido éxito? ¿Cuándo fue que estabas desanimado, y qué te dijiste para animarte otra vez?

Conforme piensas en desplazar tus palabras negativas y reemplazarlas con declaraciones positivas, y acciones, responde las siguientes preguntas: ¿Con quién has compartido tus sentimientos? ¿De qué manera te gustaría que alguien te ayudará en este proceso? ¿Cómo puedes beneficiarte de otros que se han sentido de la misma manera? ¿Cómo clamarías al poder y a la fuerza de Dios para que te ayude en estos momentos? ¿Qué parte de las Escrituras te animarían en estos momentos?

Ver es creer

Si quieres aprender a llevarte bien contigo mismo, tienes que creer que eso es posible. La clave para cambiar es el *creer* en el cambio. Cree en el poder y en la presencia de Jesucristo para que te ayude a vencer las dudas que tienes de ti mismo. Mírate desarrollando tu potencial de la misma manera que Dios te ve. ¿Cómo puedes hacer esto? Considera las sugerencias de Chuck Swindoll:

> Quizás la mejor palabra para describirlo es el visualizar. Aquellos que logran pasar por la "barrera de la mediocridad", mentalmente visualizaron el estar en un lugar mejor. Y una vez que dijeron "lo veo", empezaron a creerlo y a comportarse de la misma manera. Las personas que vuelan rehúsan sentarse, suspirar, y desear que las cosas cambien. No se quejan de lo que tienen ni sueñan de una manera pasiva en el barco que vendrá. Sino más bien, visualizan en sus mentes que no son de los que se dan por vencidos; no permitirán que las circunstancias de la vida los haga desanimarse y los mantenga por debajo.[11]

Imaginación es la función creativa dentro de nosotros, es la manera en que vemos las cosas. Para que ocurra el cambio y el crecimiento, una persona debe tanto imaginar creativamente, así como definir específicamente lo que quiere. El principal elemento involucrado en este proceso del cambio de nuestros pensamientos es el encontrar la Palabra de Dios de una manera nueva y radical.

Para algunos, las palabras de las Escrituras no son nuevas; para otros, puede que lo sean. Pero el conocer la Palabra de Dios y el practicarla son dos cosas diferentes. Chuck Swindoll dice:

> Para que los viejos pensamientos de derrota sean invadidos, conquistados, y reemplazados por pensamientos nuevos y victoriosos, debe haber un proceso de reconstrucción. El mejor lugar que conozco para empezar este proceso de limpieza mental es con la importante disciplina de memorizar las Escrituras. Me doy cuenta que no suena como algo muy sofisticado o intelectual, pero el Libro de Dios está lleno de armamento. Y el desechar los pensamientos negativos y desmoralizantes requiere de acciones agresivas.[12]

Conviértete en tu propio animador. Anímate. Ten fe en quién eres, y no solamente en lo que puedes hacer. La Palabra de Dios describe el resultado de nuestro mensaje negativo de la siguiente manera: "La muerte y la vida están en poder de la lengua, y el que la ama comerá de sus frutos" (Proverbios 18:21). Este versículo no es solamente verdad en la forma en que les respondes a otros, sino también de la manera en que tú te hablas a ti mismo. Pablo dice: "Por lo cual, animaos unos a otros, y edificaos unos a otros, así como lo hacéis" (I Tesalonicenses 5:11). Necesitamos animarnos a nosotros mismos para así poder animar a otros.

Jesucristo quiere que tengamos una perspectiva realista y honesta de quienes somos. Quiere que traigamos las mentiras negativas a El, y quiere que dirijamos nuestros pensamientos hacia todo lo que podemos ser si El nos guía. Invita a Jesús a que sea el que maneje tu mente, que vaya de cuarto en cuarto, limpiando lo viejo y trayendo lo nuevo. Conforme hagas esto, podrás saludarte a ti mismo y decir honestamente: "Gusto de conocerte. Eres alguien a quién vale la pena conocer". Conforme aprendemos a llevarnos con nosotros mismos de esta manera, podemos cambiar nuestra atención para aprender a llevarnos bien con casi todo el mundo.

3

El cambio empieza cuando la oposición termina

Samuel hizo una cita para consejería y estaba muy ansioso por tener su primera sesión. Me dijo: "Norm, estoy aquí porque hay algunas personas en el lugar en donde trabajo, con las cuales me es difícil llevarme bien, son personas que dan problemas —a las cuales me referiré como PPs— y les estamos dedicando demasiado tiempo a estas personas en la oficina. Si solamente pudiéramos hacer que cambiaran su comportamiento y que no fueran un problema para todos los demás, nuestra producción se incrementaría y podríamos eliminar muchas de las dificultades en la oficina".

Después de haber estado escuchando a Samuel conforme describía vívidamente su problema en aproximadamente cinco minutos, le pregunté:

—Samuel, ¿estás diciendo que tú también tienes dificultades en llevarte bien con esas personas?

—Algunas veces es difícil para mí —él admitió—. Pero algunos de mis compañeros de trabajo tienen mucho más problema que yo al tratar con ellos. Y algunos de mis amigos en el trabajo necesitan un poco de ayuda para aprender cómo tratar con estos PPs, pero la razón principal por la cual vine a verte es para que me ayudes a encontrar alguna manera de cambiar a estos PPs. Estoy seguro de que debe haber alguna forma de hacerlo.

¿Te suena familiar el problema de Samuel? Hay momentos en nuestras vidas cuando hemos dicho: "Si tan sólo fulano y mengano cambiaran, ¡todo sería mucho mejor!"

Después que Samuel había presentado perfectamente cual era su situación, era el momento de empezar a buscar una solución: —Samuel, hay tres posibilidades de resolver este problema —le dije— si está bien contigo, me gustaría explorar esas tres maneras contigo. Samuel inmediatamente estuvo de acuerdo.

—Una manera de liberar a tu compañía de problemas es el cambiar el medio ambiente. En este caso, puede involucrar el cambiar a esas personas a otra oficina o división. Si son un verdadero problema, puedes considerar el reemplazarlos. ¿Qué piensas de estas opciones?

Samuel respondió inmediatamente:

—No creo que dé resultado. Hay demasiados problemas y consecuencias desagradables al reasignar puesto a las personas. Dame otra opción.

—Aquí hay otra forma —le dije—, ¿has tratado de cambiar la manera misma de ser de los PPs? ¿Has hablado con ellos, les has hecho sugerencias, has considerado opciones, los has animado, los has felicitado, los has afirmado?

Samuel me interrumpió:

—Norm, creo que he tratado cada una de las cosas que has sugerido. Quizás no haya mucho con respecto a felicitarlos o animarlos. Cuando los PPs crean problemas es difícil el hacer tales cosas. No, el ir directamente a ellos no ha dado resultado muy bien que digamos. Espero que tengas otra táctica más segura u otro método que dé resultado.

—Hay otra posibilidad que podrías intentar —le respondí—, y tiene mejores resultados que cualquier otra opción. —Entonces hice una pausa, miré a Samuel con una sonrisa, y esperé para ver si podía adivinar la opción.

De repente la expresión de Samuel se volvió de pánico. —Oh no, ¡Norm! No me vas a sugerir aquel viejo refrán: "Si quieres que alguien cambie, empieza a cambiar tú mismo", ¿verdad?

—¿Tienes una idea mejor, Samuel? Dijiste que lo que has tratado no ha dado resultado. Es la mejor solución que encuentro.

La respuesta de Samuel fue característica de cómo se sienten las personas cuando tienen que hacer cambios en sus vidas:

—No creo que sea justo que yo tenga que cambiar. Después de todo, los PPs son el problema. ¿Por qué no son ellos los que deben cambiar?

—Samuel, puede que eso sea cierto, estoy de acuerdo. ¿Pero me puedes sugerir otra manera de cambiarlos?

Samuel estuvo pensativo y callado por unos momentos. Después dijo: —¿Que debo cambiar y cómo debo hacerlo? ¿Sabes? no es fácil. Estas personas dicen y hacen cosas que realmente me sacan de quicio. Sólo quiero ponerlos en su lugar y seguir adelante.

—Samuel, lo que me estás diciendo es que estás permitiendo que las personas con problemas te controlen. Me estás diciendo que cuando ellos hacen o dicen ciertas cosas, no puedes controlarte. ¿Por cuánto tiempo has permitido que estas personas te controlen?

La cara de Samuel estaba pálida por el impacto. Casi gritaba su respuesta.

—¡Tienes razón! ¡He sido un tonto! ¡No me había dado cuenta! He dejado que ellos determinen mi manera de actuar. Para ser honesto, no estoy orgulloso de la manera en que he actuado algunas veces. Les he permitido que me saquen de quicio y después los culpé por los problemas que resultaron. Pero creo que realmente he cooperado con ellos, ¿no es cierto?

Samuel lo dijo tan bien. A menudo permitimos que otros hagan lo que ellos quieren sin que nos demos cuenta de que estamos cooperando con ellos a través de nuestras reacciones.

Empieza contigo mismo

Para poder salir adelante en donde los cambios son necesarios, necesitas empezar cambiando tú mismo. El cambiar tú mismo da mejor resultado que el tratar de cambiar a los demás. Y aun cuando no veas cambios en las otras personas, tus propios cambios harán que la vida sea mejor para ti y reflejará la Palabra de Dios y su poder en tu vida. Cuando cambias, tus malas relaciones se pueden convertir en buenas relaciones, y tus buenas relaciones pueden ser aún mejores.

Si alguien alrededor de mí me está molestando y me da un golpe, puede que sienta ganas de golpearle también. Nuestra respuesta típica al ataque es ponernos a la defensiva o contra atacar. ¿Pero por qué debo dejar que el comportamiento de otra persona dicte la manera en que yo me voy a comportar? Si alguien está teniendo un mal día, él o ella no necesita más cosas negativas que provengan de mi parte. Lo que se necesita es una palabra amable, una sonrisa, un comentario de simpatía, o el ofrecer una ayuda. El cambio necesita empezar conmigo. Es asombroso lo que puede suceder cuando le respondemos a las personas negativas de una manera amable, amorosa y positiva.

El deseo de ver cambios ocurre en las relaciones, y el buscar tales cambios, es algo normal. Cuando nos preocupamos por los demás y estamos comprometidos en nuestras relaciones con ellos, el deseo por un cambio positivo en sus vidas es algo sano. Sin esta dedicación a tratar de sacar lo mejor del uno y del otro, no tendremos una relación muy buena.

Pero los problemas pueden surgir cuando nuestros deseos de cambio en la otra persona sobrepasan la disponibilidad de cambiar nosotros mismos. Esta actitud es evidente cuando el enfoque del cambio se vuelve "tú" en lugar de "yo". También, los problemas son inevitables cuando nuestra petición de cambio ("Puedes considerar . . . ") en alguna persona, se vuelve una demanda ("Tienes que considerar . . . "). Sí, hay personas con las cuales no es muy agradable estar y con las cuales es difícil llevarse bien. Cierto, hay ocasiones cuando la otra persona *es* el problema principal en la relación. Pero a pesar de cuanta sea la falta de la otra persona, la ruta más directa para producir un cambio en ella, es haciendo los cambios necesarios en ti mismo.

Cambiar vs. soportar

Una y otra vez, personas se han quejado conmigo durante las sesiones y dicen: "No hay manera que esa persona —uno de los esposos, el jefe, los compañeros de trabajo, los padres, los familiares políticos, etcétera—, vaya a cambiar. Norm, tienes que enseñarme cómo soportarlo". La palabra "soportar" me molesta. Sugiere una aproximación pasiva a las personas problemáticas. Muy a menudo el soportar nos lleva a una de cuatro respuestas que no son saludables.

Renuncias. A través de los años he contratado a varias personas en nuestra organización. De vez en cuando, una renuncia y se va a otro empleo. A menudo van a un trabajo mejor o se cambian de ciudad. Algunas veces alguna mujer renuncia para empezar su carrera como mamá en casa. Estas clases de renuncias son positivas.

Pero las renuncias en las relaciones casi siempre son negativas, especialmente cuando uno renuncia a la creencia de que la otra persona nunca va a cambiar. Esta persona baja las manos y clama: "¡Me rindo! Mis intentos de cambiar no han dado resultado!" La renuncia admite una derrota que muestra que nunca va a haber un cambio, así que será mejor que aceptemos el problema y que aprendamos a vivir con él. La renuncia refleja un sentimiento de impotencia en la relación. Una relación en donde alguno de los integrantes renuncia, está en un grave peligro.

Cuando aceptamos la creencia de que otra persona no puede cambiar, no estamos viendo a ese individuo con los ojos con los que Dios lo ve. Debemos de aferrarnos a la creencia de que los demás pueden cambiar. Puede que no estemos involucrados en el cambio de esa persona; puede que no seamos los agentes del cambio que Dios va a utilizar. Pero cuando renunciamos a todas las esperanzas y a las expectaciones de cambio, no le estamos dejando mucho espacio a Dios para que trabaje. Después de todo, puede que sea el tiempo inapropiado para el cambio. Lo que no significa necesariamente que el cambio nunca va a suceder en uno u otro momento y a través de otros medios.

La renuncia es una actitud que motiva a uno a negarle el permiso a otro para que sea como es, porque a uno no le gusta la manera de ser de esa otra persona. Pero hay otros comportamientos en los demás que podemos permitir por el momento, dándonos cuenta de que Dios puede cambiar ese comportamiento en su propio tiempo. Cuando renuncias a vivir con otra persona cuyo comportamiento ofensivo crees que no va a cambiar, estás a un paso más cerca de aprender a vivir sin la otra persona. En una relación de matrimonio, tal paso es peligroso y da temor. El sentimiento de impotencia en la relación puede tener un efecto deteriorante sobre tu autoestima, y puedes proyectar esta imagen en tu compañero o en tu compañera. Empiezas a pensar menos en él o en ella. El interés y el compromiso disminuyen, y empiezas a alejarte de una manera permanente. La separación y el divorcio están a la vuelta de la esquina.

En lugar de renunciar a una relación en donde el cambio parece imposible, prefiero el término de *aceptación positiva*. Aceptación positiva significa que le decimos a la otra persona: "Te acepto por ser quien eres y por tu manera de responder. Aún te amo a través del amor de Cristo. Voy a aprender a responderte de una manera nueva y más sana, y también seguiré yendo hacia adelante con mi propia vida. Me gustaría que cambiaras, pero probablemente no estoy involucrado en ese proceso".

Martirio. Otra respuesta que no es sana y que puede producir el soportar, especialmente en las relaciones cercanas, es el martirio. Esta respuesta le dice al esposo, a la esposa o a un amigo: "El quedarme contigo probablemente me arruine, pero creo que es la cruz que tengo que llevar". Los individuos que se las dan de mártires se encierran en dos actitudes: quejarse en silencio con ellos mismos o quejarse en voz alta para obtener su simpatía por la triste vida que llevan. Pero cuando se cierran los oídos a estas quejas, el martirio se hace peor por causa del rechazo. Como con la renuncia, el hacernos mártires nos lleva a distanciarnos en nuestras relaciones, puesto que tanto el interés como el compromiso se erosionan entre los mártires y sus compañeros que no quieren cambiar.

Estas dos primeras respuestas del soportar son bastante pasivas. Veamos ahora un par de respuestas activas y negativas.

Venganza. El clamor de venganza de aquellos que se sienten atrapados en las relaciones que no pueden cambiar es: "¡Vamos en contra de ellos!" He visto la venganza trabajando en compañías, miembros de iglesias, familias, y en otros grupos. La venganza hace muy poco para que nos llevemos bien con los demás o para construir relaciones. Es una acción *en contra*, de otros, y *no* por otros. Puesto que la venganza es contra las personas, también es contra las relaciones.

Alejamiento. Este es el resultado más directo, dramático y desbastante a las relaciones que no podemos cambiar. El alejamiento dice: "Si no puedo cambiarte, entonces me niego a tener algún contacto contigo". La relación es terminada por uno o por varios miembros, aun cuando sigan en una proximidad física. El alejamiento está presente en muchas familias hoy día, en donde los miembros están unido solamente por los lazos de sangre. Está presente en el medio ambiente en donde trabajan las personas juntas, tolerándose por educación el uno al otro, pero no tienen ninguna relación. Hay otras situaciones en donde el alejamiento incluye una separación dolorosa, total y física. El alejamiento total físico es la respuesta más común en una relación en la que hay uno que rechaza el cambio. El alejamiento completo puede que sea la respuesta más saludable si es que la continuación de una relación promete ser destructiva.[1]

A nadie le gusta cambiar

Si estás intentando mejorar una relación y desarrollar un nivel mayor de paz y armonía con otra persona, y estás tratando de cambiar a esa persona en el proceso, espera lo inevitable: ¡Resistencia! Si dices: "Quiero que cambies para mejorar nuestra relación", la otra persona probablemente te va a responder: "No quiero cambiar". La resistencia puede que no sea tan obvia, pero va a mostrar su fea cabeza. Las siguientes cinco respuestas son las tácticas más comunes utilizadas por las personas cuando se les desafía a que cambien:

1. "Oh, lo siento. No te estaba escuchando". Esta persona realmente no te escucha puesto que él o ella no tienen ninguna intención de cambiar.
2. "Oh, claro, me encargaré de eso rápidamente". Puede que esta persona hable de cambiar, pero por alguna razón nunca lo hace.
3. "¿Cómo puedes decir tal cosa?" Traducción: "Estás equivocado en lo que dices y soy inocente. Estás siendo muy duro conmigo".
4. "¿Yo? ¿Y qué pasa contigo? Vamos a ver lo que tú has estado diciendo y haciendo". La mejor defensa en contra del cambio es una fuerte ofensiva.
5. "¡Y aún no has visto nada!" Esta es una respuesta de enojo. Tú pides que haya un cambio y la otra persona ataca intensificando el comportamiento que has señalado. Tu petición, a propósito, te es arrojada sobre la cara. La otra persona quizás se desaparezca de allí para mostrarte que no va a cambiar. Tu petición ha sido rechazada de una manera bastante obvia.

La gente se resiste a los cambios por muchas razones, pero hay un factor básico detrás de todas ellas. Cuando pides que un individuo cambie, estás retando un comportamiento que ha sido seguido por años. Sus patrones establecidos de actuar con las demás personas, la manera de responder a las situaciones, y la manera de responder, tienen raíces muy profundas en su identidad propia. Es su manera de decir: "Así soy yo". Una petición de cambio se convierte en una amenaza a su autoimagen y se preguntan: *¿Qué pasa conmigo? ¿no he estado haciéndolo bien?*

Piensa en esto por unos momentos. Cuando alguien te pide que cambies, ¿cómo te sientes en esos momentos contigo mismo? ¿No surge tu sentido de valor propio dentro de ti? Para la mayoría de las personas, eso es exactamente lo que sucede. La manera en que el cambio nos es solicitado o demandado a menudo nos deja con un sentimiento de que estamos mal o que somos menos de lo que deberíamos ser. Cuando una petición de cambio amenaza o destruye un medio por el cual nuestra autoestima ha sido afirmada, nuestra respuesta normal al cambio es la resistencia.

La clave para vencer la resistencia a cambiar es la manera en que la idea del cambio se presenta. Generalmente una persona está abierta al cambio cuando éste es presentado como algo que va a reforzar su imagen propia en lugar de amenazarla. Esta aproximación nos promete un potencial mayor para el cambio que cualquier otro método. (Es cierto que, en algunos patrones de comportamientos destructivos, una crisis es una aproximación más efectiva. Pero para nuestros propósitos, se recomienda el reforzar la imagen propia de la otra persona. Para aprender los principios involucrados en la creación de una crisis mayor o menor, vean mi libro, *How to Have a Creative Crisis*).

El fortalecer la imagen propia de otra persona involucra el animar y el afirmar. Debes creer en la persona y verla de la manera en que la ve Dios. Eso es mucho pedir, pero casi no existen otras alternativas. Considera lo que Michael McGill dice con respecto al tema en su interesante libro, *Changing Him, Changing Her*:

> La razón por la cual cambian las personas es porque ellas han sido hechas para creer que su nuevo comportamiento va a fortalecer su imagen propia, van a ser afirmados, recompensados .... Es solamente cuando los otros *experimentan* la

afirmación de su imagen propia como resultado de un nuevo comportamiento que ellos completamente lo añaden a su repertorio de conducta. ¿Y cómo llega tal experiencia? Viene en el apoyo continuado que se les ofrece y en la recompensa que se les concede como resultado de su cambio. Tal experiencia debe ser una contundente experiencia, de tal modo que pueda ser vencida la experiencia del antiguo comportamiento. Deben estar convencidos de que el cambio realmente fue para bien y no para mal. En ausencia de tal tipo de recompensa estimulante y reafirmante, hay probabilidades de que se vuelva al antiguo comportamiento, para nuestra consternación y humillación.[2]

Si estabas buscando una respuesta sencilla para la pregunta: "¿Cómo puedo efectuar un cambio en otra persona?", allí está. Pero recuerda: El énfasis de este libro no es el de desarrollar maneras creativas e inteligentes para hacer que *los demás* cambien. Si ocurre un cambio en alguien con quien te relacionas, va a suceder por causa del cambio que hay en ti. Deberíamos tener cambios constantes para crecer, madurar, y para conformar las enseñanzas de la Palabra de Dios a nuestras vidas.

Soy proclive a resistir los cambios, quizás también te suceda lo mismo. ¿Pero te has dado cuenta que al presionar a que haya cambios personales, permitiéndole a la Palabra de Dios que rija la forma en que te relacionas con otros que necesitan cambiar, tu autoimagen va a ser reforzada? Las Escrituras están con nosotros, no para lastimarnos ni para despedazarnos, sino para mejorar nuestras vidas. Mientras más viva sea la Palabra de Dios en nuestras vidas, nos vamos a sentir mejor con nosotros mismos y nos vamos a poder relacionar mejor con los demás. ¡Cómo puedes rechazar una proposición como esa!

Difícil pero posible

Estamos de acuerdo en que es difícil el lograr que otros cambien, así que tenemos que cambiar nosotros mismos para llevarnos bien con los miembros de la familia y nuestros amigos que no cambian. El cambio no es menos difícil para nosotros de lo que lo es para ellos, pero es posible. Exploremos por qué el cambio, aun para nosotros, es tan difícil.

Imagínense que están a bordo de un avión con destino al otro lado del país. Después de volar durante media hora, notas que el copiloto está en los pasillos platicando con los pasajeros. Te pones a pensar: *"Está bien, pues el piloto está volando el avión"*. Pero entonces aparece el piloto en el pasillo junto al copiloto.

—¿Quién está pilotando el avión? —le preguntas al piloto conforme pasa cerca de ti—.

—No se preocupe —le responde— tenemos conectado el piloto automático. Conduce el avión mejor de lo que lo hacemos nosotros. Reacciona y responde a las condiciones de vuelo sin tener que pensar.

Muchas personas encuentran difícil el cambiar porque viven sus vidas con el piloto automático. Realmente ni siquiera piensan en lo que dicen o en lo que hacen, tienen un repertorio entero de respuestas programadas dentro de ellos. Cuando encuentran determinada situación o una relación, reaccionan sin tener que pensar. Cualquier cosa que esté programada dentro de ellos se lleva a cabo. Somos unas criaturas acostumbradas en una gran manera a nuestros hábitos. Quizás nos gusta pensar que somos flexibles, pero muchas de las cosas que hacemos, toma muy poco pensar o tal vez nada. Puede que no estemos conscientes de qué tan profundamente grabados estén esos patrones hasta que nos damos cuenta de que actuamos inconscientemente.

Juego frontón todos los martes, miércoles y jueves por las mañanas antes de irme a trabajar. Para ir al club, simplemente conduzco el auto por la interestatal 405 hasta la autopista 22, después doy vuelta hacia el norte en la autopista 57. Realmente no pienso mucho en eso. Parece como si el auto supiera a dónde ir. Pero ocasionalmente necesito ir al aeropuerto del condado de Orange quedándome en la interestatal 405. Estoy tan acostumbrado a dar vuelta hacia el norte en la 22 que conscientemente tengo que advertirme: "Quédate en la 405. No tomes la 22 o vas a acabar en la oficina o en el club en lugar de llegar al aeropuerto".

Los hábitos operan fuera de lo consciente, mientras que tus elecciones vienen de tu consciente. Tanto que como noventa y ocho por ciento de lo que hacemos es un hábito más que una elección. Cualquier cosa que hagas una y otra vez se convertirá en un hábito. Si le sonríes a tus compañeros de trabajo cada mañana, se convertirá en un hábito. Si respondes a la defensiva cada vez que te cuestionan tus empleados, también se volverá un hábito.

Aquí está la regla: "Cualquier cosa que practiques, en eso te convertirás". Si te peleas regularmente con las personas, te vuelves una persona peleona. Si criticas a las personas a menudo, te conviertes en una persona criticona. Si continúas trayendo el trabajo a la casa, te vas a enviciar con el trabajo. Los comportamientos repetidos se convierten en hábitos. ¿Y estás consciente de lo que toma el cambiar un patrón de hábitos? Para reemplazar un comportamiento negativo con uno positivo, necesitas un mínimo de dieciocho días de consciente repetición de tal comportamiento para que le des oportunidad a que entre en tu sistema. Parece ser que un hábito tiene vida propia. Como cualquier ser viviente, tu hábito va luchar por permanecer vivo. Cuando tratas de cambiar un patrón de comportamiento, tu hábito va a resistirse al cambio. El cambiar los patrones de comportamiento es una inmensa batalla. Sólo puede ser ganada cuando te enfocas en reemplazar lo viejo, y los comportamientos negativos en comportamientos nuevos y positivos.[3]

Un plan para cambiar

¿Quién tiene control de tu vida, tú o tus hábitos? Una persona una vez me dijo: "Norm, me siento como si una batalla se estuviera llevando a cabo dentro de mí. Quiero cambiar la manera en que le respondo a mis padres cuando me visitan o me llaman, pero es una gran lucha. Es como si me hubiera declarado la guerra a mí mismo". El apóstol Pablo describió la guerra entre lo que queremos hacer y lo que deberíamos hacer en Romanos 6:12-23. Cuando te embarcas en una campaña por cambiar un viejo comportamiento por uno nuevo, planea una batalla.

Habrá veces que cuando intentes cambiar y te sientas completamente agobiado por tus hábitos tan profundos, te van a dar ganas de levantar la bandera blanca en señal de rendición. Pero descansa: ¡Puedes cambiar! Cada vez que hagas esa declaración, tú refuerzas en tu mente la dificultad de lo que estás tratando de hacer. Sí, el cambio es difícil, pero es posible. Si tienes que decir: "Es difícil el cambiar", siempre añade, "pero se puede hacer".

No puedes esperar resultados diferentes si mantienes tu antigua manera de responderles a los demás. Los nuevos resultados surgen de comportamientos y respuestas nuevas. Y los resultados nuevos serán primeramente en tu persona, y no en los demás. Aquí está el pensamiento clave en el cual quiero que reflexiones cada día durante el próximo mes: Tus relaciones van a cambiar cuando tú cambies tu manera de tratar y de responderles a otros. Cuando las personas cambian como respuesta a los cambios que se han producido en ti, eso será como el merengue sobre el pastel.

Ahora apliquemos estos principios a una relación presente que te gustaría que mejorara. Las siguientes preguntas te ayudarán a revisar lo que has querido ver que suceda y lo que ya has tratado de hacer. Entonces determinarás como puedes responder a esta relación en el futuro.

1. ¿Quién es la perona con la que te estás tratando de llevar mejor?
2. ¿De qué manera te gustaría que mejorara está relación? Por favor, sé específico. (Nota que no te pregunté qué es lo que te molestaba de esa persona, sino de qué manera te gustaría que la relación fuera diferente. Enfocándote en lo que quieres lograr, en lugar de poner el énfasis en el problema, hace una diferencia grande.)

3. ¿Cuál es el sentir de la otra persona con respecto a la relación? ¿Cuáles son sus expectaciones? ¿Cómo es que sabes cuáles son sus expectaciones?
4. ¿Qué es lo que has tratado de hacer en el pasado para mejorar esta relación? ¿Cuáles han sido los resultados?
5. ¿Qué estás haciendo ahora que impida que la relación mejore? ¿Qué estás haciendo que esté reforzando el comportamiento que quisieras ver cambiado en la otra persona?
6. ¿Qué patrones de hábitos personales de respuesta hacia esta persona te gustaría cambiar?
7. ¿Qué está haciendo la otra persona que hace difícil el que respondas de manera diferente?
8. ¿Cómo llevarías a cabo tus cambios aparte de la respuesta de la otra persona?
9. ¿Cómo responderías si la otra persona nunca llegara a cambiar?
10. ¿Qué pasajes de la Palabra de Dios te gustaría aplicar a tu vida para que te ayudaran a mejorar esta relación?
11. ¿Cómo crees que puedas experimentar esos versículos en tu relación con la otra persona? Describe tu plan detalladamente.
12. ¿Cómo orarías por la otra persona? ¿Qué pensamientos guardarías en tu mente con respecto a él o con respecto a ella?

4

Amando a otros con amor sincero

Un día tres personas, por separado, vinieron a verme a mi oficina para compartir el mismo problema. Era increíble como sus historias eran tan paralelas. De hecho, cada una de esas personas empezó la sesión diciendo: "Norm, no me siento amado". Una persona estaba empezando a salir con un chico, la segunda tenía más de un año de estar comprometida, y la tercera había estado casada por veintitrés años. Cada una de ellas me relató un problema similar: "La persona que es especial en mi vida dice que me ama. Si eso es verdad, ¿por qué no me siento amada? Sí, él hace muchas cosas cariñosas, pero como que no dan resultado. Es como si no me supiera amar de la manera en que necesito ser amada. Desearía que me preguntara qué significa el amor para mí o de qué manera quiero ser amada. Si tan sólo supiera cómo amarme nos llevaríamos mucho mejor".

Quizás te hayas sentido de esa manera alguna vez. Ciertamente otras personas que están a tu alrededor se han sentido así. Los padres les dicen a sus hijos: "Te amo". Los hijos les dicen a sus padres: "Te amo". Los amigos, los esposos, y los amantes se dicen los unos a los otros: "Te amo". Pero cuando no sabes lo que el amor significa para la otra persona, las palabras les pueden parecer vacías a los que las escuchan. En nuestro esfuerzo para llevarnos bien con los demás, es importante que nos tomemos el tiempo para descubrir qué es lo que los otros perciben como amor.

El amor es el ingrediente clave en cualquier relación personal que sea profunda, tal como el matrimonio, la familia, o los amigos. El amor involucra una decisión, entrega, y sentimientos. Y la meta del amor en una relación es el hacer que tenga resultados prácticos para que los individuos se lleven mejor los unos con los otros. Pero si tú defines el amor de una manera diferente a como lo hace la otra persona en la relación, y expresas el amor a tu manera y no a la manera de la otra persona, la relación puede deteriorase en lugar de mejorar. Necesitas saber qué es lo que tu pareja considera importante en la relación. Necesitas entender cómo es que él o ella quiere que se le preste atención, que se le ministre, que se le alimente, y que se le ame. Un escritor declaró: "Sin este conocimiento, el trabajar en nuestras relaciones es como estar en el cuadrilátero de una pelea de boxeo en contra del campeón del mundo —y con los ojos vendados".[1]

Cada individuo en una relación necesita responder tres preguntas importantes a los otros que están involucrados, si es que el amor va a alcanzar su meta de ayudar a las personas a que se lleven bien:

1. ¿Qué significa para ti el ser amada? ¿Qué significa para tu pareja el ser amada?
2. ¿Qué se necesita para que te sientas amado? ¿Qué se necesita para que tu pareja se sienta amada?
3. ¿Qué es lo que estás pidiendo de tu compañero en esta área? ¿Qué es lo que tu compañero pide de ti en esta área?

En una relación que no sea romántica, tal como lo puede ser una amistad o una relación de trabajo, puedes hacer las mismas preguntas sustituyendo con las palabras "cuidado" o "apreciado" la palabra "amado".

Qué significa el ser amado

Varias de las características del amor son comunes en todas las relaciones que tienen éxito. Estas características comprenden las respuestas que las personas han dado a las tres preguntas anteriores. Conforme piensas en llevarte mejor con los demás, reflexiona en estas características y busca de qué manera las puedes poner en práctica.

Seguridad y protección. Las personas quieren sentirse a salvo y seguras en sus relaciones. Quieren ser capaces de dar un suspiro de alivio ante los demás y decir: "Es bonito el relajarse con alguien, poner a un lado la armadura de protección, y ser yo mismo". Esta es la característica que disfrutamos tanto en la amistad y la que buscamos tan desesperadamente en el medio ambiente de los negocios. A menudo la atmósfera que rodea las relaciones de trabajo están llenas de competencia. Las ganancias y los avances toman prioridad sobre el cuidado y el interés interpersonales. Te lograrás llevar mejor con tus compañeros de trabajo cuando se den cuenta de que no estás tratando de utilizarlos como un peldaño para llegar más arriba.

¿En cuál de tus relaciones te sientes más a salvo y seguro? ¿Cuáles son las personas que comunican mejor esas características? ¿Qué es lo que ellas hacen para comunicarte que estás a salvo y segura?

Apoyo. Las personas quieren y necesitan sentirse apoyadas por aquellos que se interesan por ellos. Es de gran ayuda el saber que no estás enfrentando al mundo por ti solo. Puedes depender de que otros van a estar contigo en los momentos difíciles, aun cuando no necesariamente tienen que estar de acuerdo con la posición en las que estás. ¿Hay alguna persona en tu vida que te apoye? ¿Eres una persona que las apoya también?

Una persona que apoye no sólo se necesita durante los momentos difíciles, sino también durante los momentos agradables. Cuando tú apoyas a otros, los animas y los ayudas a que sueñen y a que crezcan, aun hasta el punto de que te excedan en el nivel de tu crecimiento y de habilidad. Utilizas tus áreas fuertes, tu capacidad, tus habilidades para que se levanten por encima del nivel en que están. Por ejemplo, ocasionalmente me encuentro a mis antiguos alumnos del Seminario Talbot y descubro que se han superado en algunas áreas de sus vidas mucho más allá de mis propias habilidades o de mis propios logros. ¡Eso es maravilloso! También, siendo un ávido pescador, recibo una tremenda satisfacción ayudando a otros a que gocen de la pesca al aprender nuevas estrategias (sí, ¡la pesca es algo más que tener buena suerte!) las cuales les ayudarán a pescar mejor. Y si atrapan más peces que yo como resultado del apoyo que les presté, ¡es mucho mejor!

Loy McGinnis comparte una historia interesante acerca de un hombre de setenta y cuatro años de edad a quien conoció en un club ejecutivo en Toronto. El hombre se acababa de retirar de una larga carrera en una fábrica de lápices. Loyd pensó que el estar haciendo lápices por varias décadas sonaba como una manera aburrida de ganarse la vida. Le dijo: "Estoy seguro de que está contento de haber dejado ese negocio".

La respuesta del hombre le sorprendió: "Oh, no, voy a echarle mucho de menos. Y lo que más voy a extrañar son las amistades que hice durante los últimos cuarenta años. Mis proveedores y mis clientes han sido mis mejores amigos. Y varios de los gerentes principales son hombres que contraté acabados de salir de la universidad. He disfrutado mucho de la satisfacción de ayudarles a tener éxito".[2]

Esa es la clave del apoyo: el descubrir las áreas fuertes de los demás y contribuir al desarrollo de esas cualidades para ayudarlos a que tengan éxito. Para hacer eso, necesitas una actitud positiva hacia los demás. Debes buscar lo mejor en las personas. Debes creer en las personas hasta que ellas empiezan a creer en sí mismas y empiecen a tener éxito. Esto sucede todo el tiempo en mi consultorio de consejería. Veo familias destrozadas e individuos que están hechos añicos, preocupados, y lastimados. A menudo necesito prestarles mi esperanza y mi fe hasta que puedan generar algo propio. Debo apoyarlos creyendo en ellos, en sus áreas fuertes, y en su futuro, hasta que están lo suficientemente estables para creer en ellos mismos.

Sentido de pertenencia. Todos tenemos una necesidad, dada por Dios e integrada en nosotros, de sentir que pertenecemos a algo, y todos conocemos del dolor que se siente al ser excluido o rechazado. El sentido de pertenencia proviene de ser aceptados por los demás. Te hace sentir que vales algo porque alguien ha abierto su mundo privado ante ti. Es fácil el llevarte bien con aquellos que te aceptan, que te abren sus corazones, y que te incluyen en sus vidas.

Mientras más viejo me vuelvo, más valoro el sentido de pertenencia que disfruto con mi esposa y con algunos amigos cercanos. Puedo compartir mis heridas, mis sueños, mis pensamientos, y mis sentimientos con estas personas sin temor a que piensen mal de mí, o que se rían o que me rechacen. ¡Se siente tan bien cuando pertenece uno a algo o a alguien! Habiendo recibido los beneficios por pertenecer a algo o a alguien, quiero ayudar a que otros se sientan incluidos. Me doy cuenta como consejero profesional, que se me paga para hacer eso por algunas personas. Pero el área más importante para incluir a otros está entre las personas con quienes me encuentro fuera de mi oficina.

Cuidado. Todos necesitamos que alguien nos cuide y nos alimente. Cuando alimentas a alguien, invitas a esa persona a que tome un lugar muy especial en tu corazón. Demuestras tu cuidado a través de tus palabras al igual que a través de tus hechos. Cuando realmente te interesas por alguien, estás dispuesto a salirte de tu zona de conveniencia por el beneficio de esa persona. Casi es imposible el no llevarte bien con una persona que genuinamente se interesa por ti.

Recientemente descubrí en una fábula china una ilustración acerca de cómo cuidar los unos de los otros:

> Un hombre viejo sabía que iba a morir muy pronto. Antes de morir, quería saber cómo eran el cielo y el infierno, así que visitó al hombre sabio de su aldea.
>
> —¿Me puede decir, por favor, cómo son el cielo y el infierno? —le preguntó al hombre sabio.
>
> —Ven conmigo y te lo mostraré —respondió el hombre sabio.
>
> Los dos hombres caminaron por un sendero largo hasta que llegaron a una gran casa. El hombre sabio llevó adentro al hombre viejo, y allí se encontraron en un gran comedor con una mesa enorme cubierta con todos los tipos de comida que te puedas imaginar. Alrededor de la mesa había muchas personas, todos estaban flacos y hambrientos, y tenían unos palillos chinos de 3 metros y medio de largo. Cada vez que trataban de alimentarse, la comida se les caía de los palillos.
>
> —De cierto este debe de ser el infierno. ¿Me vas a mostrar ahora el cielo? —preguntó el hombre viejo.
>
> —Sí, venid conmigo —dijo el hombre sabio.
>
> Los dos hombres salieron de la casa y caminaron aun más por el sendero hasta que llegaron a otra gran casa. Nuevamente encontraron un comedor grande y en él había una mesa llena de toda clase de comida. Las personas que estaban aquí estaban felices y parecían bien alimentadas, pero también tenían palillos de tres metros y medio de largo.
>
> —¿Cómo puede ser esto? —dijo el hombre viejo—. Estas personas tiene palillos de tres metros y medio, más sin embargo están felices y bien alimentadas.
>
> —En el cielo las personas se alimentan las unas a las otras —respondió el hombre sabio.[3]

Aceptación. Quiero ser aceptado por las demás personas, al igual que tú. Cuando aceptamos a los demás por ser quienes son, los dejamos libres de la presión de ser moldeados para que sean las personas que queremos que sean. Cuando aceptas a otros, te vuelves compatible y te llevas bien con ellos, ya sea con tu pareja en el matrimonio, con compañeros de habitación, o con tus compañeros de trabajo.

Cuando doy consejería a parejas que están por casarse, uno de los temas principales de los que hablo es de la necesidad de descubrir, de entender, y de aceptar las diferencias individuales. Pero algunos individuos vienen con agendas escondidas. Una mujer puede decir que acepta las diferencias de su prometido, pero la meta que tiene escondida es la de cambiarle en la imagen ideal que tiene del hombre una vez que estén casados. Ella dice que le acepta cuando meramente lo está tolerando. Hay una gran diferencia. La tolerancia dice: "Te acepto por ahora, pero si no cambias con el tiempo, mi oferta de aceptación se va a terminar". Pero la aceptación dice: "Te acepto por ser quién eres" —y punto. No hay nada más. Cuando otros saben que tú los aceptas completamente, será fácil el llevarte con ellos.

Especialidad. ¿Alguna vez te han hecho sentir que eres una persona especial? ¿Te ha tratado alguien como algo diferente y de mucho valor? ¿Tienes a alguien en tu vida que te hace sentir que eres precioso y que tienes un valor? ¿Te llevas bien con esa persona? ¡Por supuesto que sí! Cuando les comunicamos a otros lo especiales que son para nosotros, hay muy poco que pueda bloquear el crecimiento de una relación positiva.

Amando a los que no son amables

Es fácil para nosotros el amar y llevarnos bien con las personas que son atractivas, inteligentes, y lindas que están a nuestro alrededor. Pero muchas de las personas a las cuales Dios nos llama a que amemos no encajan en estas clasificaciones de aceptación. Tony Campolo nos cuenta una historia que ilustra bellamente lo que puede suceder cuando alcanzamos con amor a aquellos que son difíciles de amar.

Teddy Stallard ciertamente era considerado como "uno de los que menos valen la pena". Sin interés en la escuela, sucio, las ropas arrugadas, y nunca se peinaba. Uno de esos niños en la escuela con una cara como de muerto, sin expresiones —con un tipo de mirada vidriosa, sin enfoque. Cuando la señorita Thompson le hablaba a Teddy, él siempre respondía con monosílabos. Sin atractivo, sin motivaciones, y distante, simplemente era difícil que cayera bien. Aun cuando su maestra decía que amaba de igual manera a todos los de la clase, bien adentro no estaba siendo completamente honesta.

Cuando calificaba los papeles de Teddy, sentía un cierto placer perverso al poner una X junto a las respuestas malas y cuando ponía una R en la parte superior de los trabajos, siempre lo hacía con estilo. Ella debería haberlo sabido mejor, pues tenía los registros de Teddy y sabía más de lo que quería admitir. Los registros decían:

Primer año: Teddy parece prometedor en sus trabajos y en sus actitudes, pero tiene una mala situación en su casa.
Segundo año: Teddy podría mejorar. La madre está seriamente enferma. Recibe muy poca ayuda en casa.
Tercer año: Teddy es un buen niño, pero es muy serio. Aprende muy despacio. Su madre murió este año.
Cuarto año: Teddy es muy lento, pero se comporta bien. Su padre no muestra ningún interés.

La Navidad llegó y los niños y las niñas en la clase de la señorita Thompson le trajeron regalos. Amontonaron los regalos en el escritorio y se pusieron alrededor de ella para ver cómo los abría. Entre los regalos había uno de Teddy Stallard. Se sorprendió de que él le hubiera traído un regalo, pero lo había hecho. El regalo de Teddy estaba envuelto en un papel marrón y estaba pegado con cinta adhesiva. En el papel había escritas unas palabras sencillas: "Para la señorita Thompson, de Teddy". Cuando abrió el regalo de Teddy, cayó un brazalete al que le faltaban la mitad de las piedras que lo adornaban y un frasco de un perfume barato.

Los otros niños empezaron a chismosear acerca de los regalos de Teddy, pero al menos la señorita Thompson tuvo un poco de sentido común para callarlos al ponerse inmediatamente el brazalete y un poco de perfume en su muñeca. Levantando su muñeca para que los niños pudieran olerla, dijo: "¿No huele bien?" Y los niños, hicieron una fila ante la maestra, e iban de acuerdo suspirando 'uhms' y 'ahs'.

Al final del día, cuando se habían acabado las clases y los demás niños se habían marchado, Teddy se quedó atrás. Vino lentamente hacia el escritorio y dijo suavemente: "Señorita Thompson ... señorita Thompson, usted huele como mi mamá ... y su brazalete luce bastante bien en usted. Me agrada que le hayan gustado mis regalos". Cuando Teddy se fue, la señorita Thompson se puso de rodillas y le pidió a Dios que la perdonara.

Al día siguiente cuando los niños llegaron a la escuela, fueron recibidos por una nueva profesora. La señorita Thompson se había vuelto una persona diferente. Ya no era simplemente una profesora: se había convertido en un agente de Dios. Ahora era una persona decidida a amar a sus niños y hacer cosas que permanecieran en ellos aun después de marcharse. Ayudaba a todos los niños, especialmente a los que eran lentos, y en forma muy especial a Teddy Stallard. Al final del año escolar, Teddy mostró una mejoría tremenda. Se había emparejado con los demás estudiantes y aun estaba más adelantado que otros.

No había escuchado de Teddy por mucho tiempo. Y un día, recibió una nota que decía:

Querida señorita Thompson:

Quería que usted fuese la primera en saber, que me graduaré como segundo en mi clase.

Con amor,

Teddy Stallard

Cuatro años después, llegó otra nota:

Querida señorita Thompson:

A partir de hoy soy el doctor Theodore Stallard, ¿qué le parece? Quería que fuera la primera en saberlo. Me caso el próximo mes, el día 27, para ser exacto. Quiero que venga y se siente en el lugar en donde se sentaría mi madre si estuviera viva. Usted es la única familia que he conocido; papá murió el año pasado.

Con amor,
Teddy Stallard

La señorita Thompson fue a esa boda y se sentó en donde se hubiera sentado la madre de Teddy. Se merecía el sentarse allí; ella había hecho algo por Teddy que él nunca lo podría olvidar.[5]

Los Teddy Stallard en tu vida también necesitan de amor, necesitan sentir tu apoyo, tu aceptación, y tu cuidado. Necesitan sentirse especiales. ¿Quién sabe qué cosas tan grandes tu amor puede liberar en su vida?

El interés falso

Conforme te llevas con los demás y tratas de alcanzarlos con amor, mantén tus motivos con el enfoque correcto. Hay algunas personas que constantemente dan de sí mismas para ayudar a los demás, pero sus esfuerzos no son motivados por el amor hacia ellos. Se interesan, y ayudan a las personas porque tales actividades suplen sus necesidades internas, necesitan ayudar a otros para sentirse bien consigo mismos. Están atrapados en el ayudar. Aunque él o ella parezca que están desarrollando relaciones de cuidado con los demás, este tipo de persona es falsa, porque cuida de los demás mientras esto satisfaga sus propias necesidades.

Esta clase de personas se presentan de dos maneras diferentes: los que complacen y los que rescatan. Cada uno de ellos da la apariencia de un amor e interés genuinos, pero ninguno de ellos pasa la prueba de una relación que cuida de los demás.

Los que complacen. Los que complacen viven para hacer felices a los demás. Parece que son muy conscientes y cuidadosos. Se salen del camino si es necesario para que otros se sientan bien. Son especialmente buenos para hacer lo que otros pasan por alto. La respuesta de ellos hacia los demás parece reflejar todas las cualidades de cuidado que queremos expresar.

Pero van más allá de lo que necesitan hacer. Para ellos, no es un acto voluntario, sino una responsabilidad. Se sienten personalmente responsables por la felicidad de los demás. Cuando la gente que los rodea son infelices, se sienten culpables. ¡Piensan que han fracasado! El temor al fracaso los impulsa a cumplir con peticiones de ayuda que son irreales. No importa si disponen de tiempo o no, ellos lo hacen. Tienden a sobrecargar sus actividades y a sobrecargar su resistencia. No le pueden decir que no a nadie, porque el hacer esto significaría un fracaso personal. He visto a muchos ministros experimentar el agotamiento por la mentalidad de complacer. Se apresuran tratando de complacer a la congregación que espera que su cuidadoso pastor esté a la disposición en todo momento.

Algunas de estas personas se adentran demasiado en una persona o en un proyecto. Por ejemplo, a menudo aplaudimos a los padres quienes gastan su tiempo y sus energías tratando de suplir cada necesidad de sus hijos. Pero no son las necesidades de los hijos los que impulsan a estos padres; son ellos mismos. Deben complacer a sus hijos, a sus esposas (os), y a sus comunidades como padres modelos para poder retener su estima propia. Algunas veces las necesidades internas de este tipo de personas están escondidas dentro de ellos. Sus vidas están inundadas con la urgencia de cuidar de alguien —¡o de todos, si es posible!— pero no saben el por qué ni saben cómo escapar.

Carmen Renee Berry ha identificado dos tipos de personas que complacen. Uno es el *organizador*. Estas personas son adictas a organizarse aun a ellas mismas, a otras personas, eventos, y situaciones para así poder complacer a aquellos que les rodean. Los organizadores pasan por la vida a una gran velocidad, pero suplen sus muchas responsabilidades a través de una organización cuidadosa.

La segunda variedad, es el *espontáneo*. No hace planes con meses de anticipación como el organizador. El o ella simplemente se esmeran para ayudar cuando se necesita su ayuda. Son impulsados por suplir las necesidades de las personas con las que se encuentran durante el día. A menudo los espontáneos se comprometen demasiado y sufren de una gran agonía cuando no pueden suplir todas las necesidades que hay a su alrededor.

El comportamiento de complacer es una adicción. ¿Suenan como palabras fuertes? Sí, pero son ciertas. Los que complacen están tratando de hacer lo imposible por suplir las necesidades de los demás para poder exaltar su propio valor. Carmen Berry dice que, "los complacientes bailan al ritmo de otra persona con los pies amarrados por la frustración y por la negación de sí mismos".[6]

Los complacientes no se llevan bien con todos, porque muchas de sus acciones de cuidado son falsas. Los complacientes dicen y hacen lo que otros quieren que digan o que hagan. Realmente no comparten quiénes son, o lo que piensan o lo que sienten. Las relaciones genuinas son sacrificadas con tal de ganar la aprobación de los demás al complacerles. Asegúrate de que tus actos de cuidado nacen del amor sincero por los demás, y no de un sentimiento compulsivo de responsabilidad que dice: "Debo hacer felices a los demás".

Los salvadores. Cuando estaba en la escuela secundaria y en la universidad, algunos de mis amigos tenían trabajos de verano como salvavidas en las playas o en las piscinas públicas. Para mí, el trabajo de salvavidas era un sueño. Estos hombres se la pasaban todo el día al sol, generalmente rodeados de muchos estudiantes de su misma edad. Las horas eran buenas y el escenario era estupendo.

Conforme el verano llegaba a su fin, yo les decía: "¡Qué trabajo tan estupendo te encontraste para el verano! Apuesto a que sientes que se haya acabado".

Muchos de ellos me sorprendían con sus respuestas. "No realmente, Estoy contento de poder regresar a la escuela porque ya estaba cansado de estar rescatando gente".

Probablemente puedan identificarse con el alivio que sentían mis amigos por ya no tener que ser responsables de vigilar y de recatar a los nadadores en problemas. ¿Pero estás consciente de que hay personas que nunca se cansan de rescatar a las otras? De hecho, viven para eso. Son los salvadores, quienes son atraídos a las personas que tienen traumas o crisis. Parece que los rescatistas van a través de la vida buscando a personas que necesitan una cuerda o una red de seguridad. A menudo son atraídos a las organizaciones que se dedican a ayudar a las personas que sufren. Pero, como los complacientes, los rescatistas ayudan a otros para ayudarse a sí mismos. Su cuidado es meramente un esfuerzo para suplir sus propias necesidades egoístas.

Los salvadores son cuidadores falsos. Tienden a involucrarse demasiado con las personas que están sufriendo y tal vez no puedan cumplir todas sus responsabilidades. Así que parece que fueran amigos en los que no se pueden confiar. Hacen demasiados sacrificios personales para rescatar a otros. Puede que teman escuchar sonar el teléfono a las 2:00 a.m., pero tienen que responder y hacer lo que sea necesario para ayudar a alguien que está en necesidad. Puede que se sientan atrapados en su estilo de vida, cambiando de tragedia en tragedia para ayudar a las personas, pero se sienten impulsados a hacer eso y a menudo no saben ni el por qué.

Es cierto que, por encima de todo, los salvadores están haciendo lo que nosotros deberíamos de hacer: el ayudar a otros a través de los momentos difíciles. Pero los rescatistas tienden a excederse más allá de las fronteras correctas del ayudar y cuidar y terminan sumergiéndose en esas crisis. Los ayudantes-dadores genuinos ministran por la abundancia del amor que desean compartir a aquellos que tienen necesidad. Los salvadores sirven a los demás por lo que van a recibir, cosas tales como apreciación o reconocimiento de las personas que los están viendo. También, los rescatistas puede que se sientan tentados a prolongar los problemas de los otros para así aumentar la dependencia, y así suplir mejor sus necesidades propias de atención y reconocimiento.[7]

¿Estás siendo un ayudador genuino?

¿Cómo puedes decir si tus intentos de amar y cuidar son genuinos y no la expresión de un impulso enfermizo por ayudar? Para ayudarte a contestar esta pregunta, sugiero que evalúes tus pensamientos acerca de tu interés en otros, tus sentimientos, y acciones, utilizando las siguientes oraciones. Para cada oración, califícate del 1 al 10. Un "1" significa que tal oración definitivamente *no* te refleja, "10" significa que realmente te refleja, "5" estás en medio y etcétera. Por cada oración que califiques con "5" o más, por favor indica por qué tiendes a reflejar esa característica.

______ Pienso que soy, y así me siento, responsable por otras personas —por sus pensamientos, sentimientos, acciones, elecciones, deseos, necesidades, bienestar, malestar, y por su destino final.

______ Siento ansiedad, compasión y culpa cuando otras personas tienen un problema.

______ Me siento obligado —casi forzado— a ayudar a esa persona a que resuelva su problema ofreciendo un consejo que no se me ha pedido, dando una serie de sugerencias, o tratando de componer sus sentimientos.

______ Me enojo cuando mi ayuda no es efectiva.

______ Anticipo las necesidades de las otras personas.

______ Me encuentro diciendo "sí" cuando quiero decir que "no", haciendo algo que realmente no quiero hacer, haciendo más de lo que me corresponde en el trabajo, y haciendo cosas que las demás personas son capaces de hacer por sí mismas.

______ A menudo no sé qué es lo que quiero o lo que necesito. Cuando lo sé, me digo a mí mismo que lo que quiero o necesito no tiene importancia.

______ Trato de complacer a otros en lugar de a mí mismo.

______ Encuentro más fácil el sentir y el expresar mi ira por injusticias que se cometen contra otros que por injusticias hechas a mi persona.

______ Me siento inseguro y culpable cuando alguien me da algo.

______ Me siento triste porque me paso la vida dándole a los demás y nadie me da nada a mí.

______ Me doy cuenta de que me atraen las personas con necesidades.

______ Me doy cuenta que las personas con necesidad se sienten atraídas hacia mí.

______ Me siento aburrido, vacío, y sin valor alguno cuando no tengo una crisis en mi vida, un problema que resolver, o alguien a quién ayudar.

______ Abandono mi rutina para responder a alguien que tiene problemas o para hacer algo por otra persona.

______ Me comprometo demasiado.

______ En lo profundo creo que otras personas son responsabilidades mías.

______ Culpo a otros por la situación en la que me encuentro.

______ Creo que otros me hacen sentir de la manera en que me siento.

______ Creo que la gente me está volviendo loco.

______ Me siento enojado, como una víctima, que no soy apreciado, y utilizado.

______ Encuentro que algunas personas se impacientan conmigo por las características anteriores.

Si tiendes a responder a estas preguntas con un "6" o más, puede que seas lo que se llama un codependiente. Tu vida refleja los tratos negativos de los complacientes y de los rescatistas. De esa manera, vas a encontrar difícil el desarrollar relaciones que te llenen. Las probabilidades de que te lleves bien con los demás son mínimas hasta que confrontes y trabajes en esas áreas. Me gustaría sugerir varias alternativas que pueden ayudarte en tu camino para convertirte en un cuidador y ayudador genuino. Te recomiendo *When Helping You is Hurting Me* (Harper and Row), por Carmen Renee Berry. Otro libro bastante útil es *Codependant No More* (Harper and Row), por Melodie Beattie.

Cuando expresas un amor genuino, te vas a llevar mejor con las personas. El amor puede ser expresado de muchas maneras prácticas. Joe Baylly escribió acerca de la acción del amor de una manera que tiene sentido. Su oración es llamada, *A Psalm of Single-mindedness* (El Salmo de la individualidad). Es sencilla y va al grano, y tiene un mensaje para nosotros:

Señor de la realidad,
hazme real,
no plástico,
no sintético,

que no sea un charlatán,
o un actor haciendo su
hipócrita papel.
No quiero
tener una lista de oración,
pero quiero orar.
Tampoco quiero agonizar por tu voluntad,
sino obedecer
lo que ya sé
sin argumentar
las teorías de la inspiración,
sino someterme a tu Palabra.
No quiero
explicar la diferencia
entre "eros" y "philos"
y "ágape",
sino amar.
No quiero cantar
como si sintiera lo que canto,
pero quiero realmente sentirlo.
No quiero
decirlo de la manera en que es,
sino que sea
como tú lo quieres.
No quiero
pensar que otro me necesita,
sino que yo lo necesito,
de otra manera no estoy completo.
No quiero
decirles a otros cómo hacerlo
sino hacerlo.
Tampoco quiero tener siempre la razón,
sino admitir también cuando me equivoco.
No quiero ser un tomador de censos
sino un obstetra,
ni una persona involucrada, ni un profesional,
sino que quiero ser un amigo.

No quiero ser insensible,
pero dolerme con lo que otros se duelen.
No el decir, sé cómo te sientes,
sino decir, Dios sabe cómo te sientes
Y yo voy a tratar de hacerlo
si tienes paciencia conmigo
y mientras tanto me quedaré callado.
No quiero gastar los dichos de otros
sino que quiero sentir cada palabra que digo,
incluyendo todo esto que he dicho.[8]

5

Sólo es sentido común... ¿No es cierto?

"¿No tienes sentido común?" ¿Recuerdas haber escuchado esa pregunta viniendo de alguno de tus mayores o de alguno de tus amigos? Estoy seguro de que sí. Yo mismo se lo he preguntado a otras personas en voz alta —¡y se la hice a muchos otros con el pensamiento! El sentido común implica que si tan sólo "utilizas tu cabeza" en una situación, de alguna manera vas a saber qué es lo que tienes que hacer. En algunas situaciones, el sentido común es lo único que se necesita. En muchas otras situaciones, sin embargo, se necesita algo más.

El llevarse bien con otras personas toma más que tener sentido común. Toma sabiduría. Por sabiduría quiero decir la habilidad de discernir, de entender, de tener una opinión, y de utilizar el buen juicio. ¡Y todo esto sé que es pedir demasiado! Algunas personas adquieren este tipo de sabiduría con la edad. Pero no necesitas esperar hasta que tengas 80 años para ser sabio. La sabiduría no solamente viene con la edad. Todos hemos conocido a personas "con mayor sabiduría que los años que tienen". La sabiduría es algo en lo que se puede trabajar y algo que se puede desarrollar. Una persona que está desarrollando su sabiduría puede llevarse bien con casi todo el mundo.

Sabios en la Palabra

La sabiduría es la traducción práctica y la aplicación de la Palabra de Dios en la vida cotidiana. A continuación algunos pensamientos acerca de la sabiduría, los que he parafraseado de un gran libro de sabiduría, los Proverbios del Antiguo Testamento.

¡Obtén Sabiduría! Haz eso tu meta (4:5).
Si haces que la sabiduría sea tu meta, eventualmente recibirás honra (4:8).
La sabiduría que viene de Dios vale más que todas las riquezas que tratarás de adquirir. ¡Nada se le puede comparar! (8:11-12).
Los hombres y mujeres que son sensibles convierten la sabiduría en su meta. Aquellos que la ignoran por lo que el mundo les pueda ofrecer son unos tontos (17:24).
Una de las maneras en la que les puedes mostrar a otros que realmente te interesas por ellos es desarrollando tu sabiduría (19:8).
La fuerza de la sabiduría es mucho mejor que cualquiera de las fuerzas físicas (24:5).

¿Pero qué tiene que ver la sabiduría con llevarse bien con los demás? ¡Tiene que ver por completo! Necesitas entendimiento, conceptos, discernimiento, paciencia, y un ejército de otras cualidades para entender y relacionarte con los demás. La sabiduría de Dios, la cual reside en su Palabra y está disponible para ti a través de su Espíritu, te habilita para llevarte bien con los demás. En este capítulo consideraremos varias aplicaciones específicas de la sabiduría de Dios a nuestras relaciones interpersonales.

Privilegios especiales, responsabilidades especiales

Estás sentado en un auditorio con varios centenares de personas quienes, al igual que tú, están involucradas en la misma organización. Se están anunciando premios y de repente el presidente dice tu nombre como el recipiente del premio más prestigioso de todos. Junto con el premio vienen muchos beneficios especiales. Los aplausos suenan y todos se voltean a verte conforme te levantas de tu asiento y marchas orgullosamente hacia la plataforma. Tú has sido escogido entre la multitud para un gran honor. Eres especial, ¡Uau!

Por maravillosa que pueda ser esta experiencia, no se puede comparar con la notoriedad y los beneficios que tenemos por ser cristianos. Esto nos lleva a nuestro primer principio para aplicar la sabiduría a nuestras relaciones: La sabiduría involucra el entender cuán especial eres por causa de todo lo que Dios ha hecho por ti. Cuando empiezas a comprender lo especial que eres, te vas a sentir libre para relacionarte con los demás de una manera segura y con confianza.

¿Qué es lo que Dios ha hecho por ti? Déjame recordarte de algunos de tus beneficios que se encuentran en los primeros tres capítulos del libro de Efesios.

Tú *fuiste escogido* antes de la fundación del mundo (1:4).
Tú *fuiste predestinado para ser hijo suyo* (1:5).
Tú *has sido redimido* por su sangre y tus pecados te han sido *perdonados* (1:7).
Tú has recibido *la garantía de la vida eterna,* tal como lo evidencia el Espíritu Santo en tu vida (1:14).
Tú tienes *esperanza* en Cristo, tu gloriosa herencia (1:18).
Tú has experimentado *el incomparable poder* por medio del cual Jesucristo resucitó de entre los muertos y se ha sentado a la diestra de Dios (1:19-20).

Tú eres el recipiente de la *incomparable gracia* de Dios la cual te ha salvado a pesar de cualquier cosa que hayas hecho o que hagas en el futuro (2:8-9).
Ahora tú *tienes entrada al Padre* a través de su Espíritu (2:18).
Tú puedes *conocer el amor de Cristo* para que seas lleno de toda la plenitud de Dios (3:19-20).

¿Entiendes ahora cuán especial eres? Sugiero que te tomes algunos minutos para leer los primeros tres capítulos de Efesios antes de continuar con este capítulo. Te dará una vista más clara de cuán especial eres.

¿Qué tiene que ver el ser especial con el llevarse bien con los demás? Tiene que ver bastante. Junto con los privilegios y beneficios especiales que disfrutamos al estar en Cristo viene una asombrosa responsabilidad. Pablo continúa su carta a los Efesios rogándoles que "anden como es digno de la vocación con que fueron llamados" (4:1). El doctor Gene Getz dice: "El vivir una vida digna significa el andar por cierto camino, el seguir el camino prescrito, diseñado, y planeado por Dios para sus hijos".[1] Parte del camino de nuestra responsabilidad es el llevarnos bien con las personas, especialmente con los cristianos. Pablo instruyó a los efesios: "Solícitos en guardar la unidad del Espíritu en el vínculo de la paz" (Efesios 4:3). Y a los corintios les escribió: "Os ruego, pues, hermanos, por el nombre de nuestro Señor Jesucristo, que habléis todos una misma cosa, y que no haya entre vosotros divisiones, sino que estéis perfectamente unidos en una misma mente y en un mismo parecer" (I Corintios 1:10). "Sed de un mismo sentir, y vivid en paz; y el Dios de paz y de amor estará con vosotros" (2 Corintios 3:11).

A algunas personas les desagrada el cristianismo porque los creyentes no están aplicando la sabiduría de estas Escrituras a sus relaciones. Muchos cristianos no se llevan bien los unos con los otros. Los creyentes que argumentan y se pelean no están haciendo nada por atraer hacia el Dios de amor al mundo que los está viendo. Estamos ejercitando la sabiduría cuando escogemos el seguir las enseñanzas de las Escrituras, las cuales gobiernan nuestras relaciones, no importa cómo nos sintamos, no importa el comportamiento de los demás, ni tampoco importan las circunstancias. El obedecer a Cristo es una respuesta adecuada a lo especial que somos a través de El.

Planeando llegar a la meta

Si es nuestra meta el ejercitar la sabiduría llevándonos bien con los demás, necesitamos un plan que nos ayude a alcanzar esa meta. Encontraremos nuestro plan en el mismo lugar en el que descubrimos nuestra meta: La Palabra de Dios. La Biblia —especialmente el Nuevo Testamento— está lleno de sabiduría práctica para ayudarnos a llevarnos bien con las personas.

Imagínate que un amigo cristiano te escribe una carta pidiéndote un consejo acerca de cómo llevarse mejor con otras personas. ¿Qué principios del Nuevo Testamento incluirías en tu carta? Si cincuenta personas escribieran cartas respondiendo a esa pregunta, probablemente cada una de ellas contendría un juego diferente de principios válidos. Aquí está un ejemplo de lo que podría parecer una carta de respuesta. Nótese que hay pasos escriturales para alcanzar la meta:

> Querido Jaime:
>
> Recientemente me escribiste pidiéndome consejo en lo que respecta a llevarte mejor con tu familia, amigos, y compañeros de trabajo. A continuación están unos consejos que te ayudarán en todas las áreas.
>
> Primero, asegúrate que Jesucristo sea el centro de tu vida. Cuando tus raíces van a lo profundo de su amor, te vas a encontrar con que tus palabras y tus acciones van a reflejar su amor.
>
> No hagas favoritismos. Puede que te sientas atraído a pasar más tiempo con los que te son atractivos. Pero todos necesitan de tu amor y todos son iguales ante los ojos de Dios.
>
> Después, cuida tu boca. Muchas personas se meten en

más dificultades por lo que dicen que por cualquier otra cosa.

Asegúrate que tus palabras edifican en lugar de destrozar a las personas. Si tus palabras reflejan la gracia de Dios, la gente se va a sentir atraída a ti. Vigila tus pensamientos con respecto a las personas, porque tus pensamientos se van a reflejar en lo que dices.

No atraigas la atención hacia ti mismo. Trata a los demás con las manos delicadas de la gentileza. No dejes que otros se te metan por debajo de la piel ni que te provoquen. Date cuenta de que todos piensan y actúan diferente pero tú puedes aceptarlos si el amor de Cristo está en ti.

Otras personas te van a desilusionar y te van a lastimar. Pero no guardes rencor por los daños ni te trates de desquitar. En lugar de eso, dale tus sentimientos al Señor y trátalos de manera amable. Las personas responden positivamente a alguien que puede pasar por alto el daño o el rechazo.

Algunas veces tenemos que enfrentar a personas que son irritantes. Realmente están hambrientas de un amor genuino, de amabilidad, y de cuidado. Permite que Jesucristo supla sus necesidades a través de ti.

Sinceramente tuyo,
Norman

A continuación un ejercicio que te ayudará a poner en acción tu plan de llevarte bien con las personas. Escribe varios de los siguientes versículos, son los versículos en los cuales está basada la carta anterior, ponlos en pequeñas cartulinas por separado: Santiago 2:3; 3:2; Efesios 3:17-19; 4:2-3, 29, 31, 32; 5:2; Colosenses 3:8, 12-15 (Considera utilizar la Biblia al Día o la Versión Amplificada para este ejercicio.) Lleva las cartulinas contigo y lee en voz alta cada versículo, cada mañana y cada noche todos los días durante un mes. Después de enfocarte en esos versículos durante treinta días, ¡se van a volver parte de ti! Una vez que estén dentro de ti, los vas a poder ver reflejados en tus relaciones con los demás.

Palabras de los sabios

Aquellos que tienen relaciones saludables con otros y son capaces de llevarse bien con casi todo el mundo utilizan sabiamente sus palabras. Son ejemplos vivos de las palabras sabias de los Proverbios sobre el tema de la comunicación: "El hombre se alegra con la respuesta de su boca; y la palabra a su tiempo ¡cuán buena es! (Proverbios 15:23); "Manzana de oro con figuras de plata es la palabra dicha como conviene" (25:11); "Panal de miel son los dichos suaves; suavidad al alma y medicina para los huesos" (16:24); "El que ahorra sus palabras tiene sabiduría; de espíritu prudente es el hombre entendido. Aun el necio, cuando calla, es contado por sabio; él que cierra sus labios es entendido" (17:27-28)

Las palabras que utilizan te conectan con otras personas. ¿Pero *cómo* te conectas? ¿por un cordón que los mantiene unidos, o por una barrera que los mantiene alejados? Una compañía decidió hacer algo con las palabras que mantenían a las personas apartadas. Prohibió el mandar por correo cualquier carta que contuviera la palabra *Yo* en papel rotulado con el nombre de la compañía. En su lugar, los empleados tenían que utilizar palabras que cambiaran el enfoque del remitente al consignatario: *Usted, usted mismo, y su*. O utilizaban un cálido, *juntamente* palabras como *nosotros, nuestro, y nosotros mismos*. El énfasis se hacía en utilizar palabras corteses, las cuales a menudo hacen falta en nuestro vocabulario: *lo siento, por favor, gracias y discúlpeme*.

También debemos evitar el "retener" palabras. A continuación las palabras que sutilmente alejan a las personas porque reflejan nuestra perspectiva en lugar de la perspectiva del receptor: *Yo, mi, yo mismo, mío, quizás, posteriormente*. Por años les he sugerido a las parejas casadas que la palabra *después* lleva a los conflictos más grandes del matrimonio al menos que sea definida correctamente. *Después*, tiende a comunicar "No estoy interesado". Si la utilizamos para evitar o retardar una acción o una orden, no debería estar en nuestro vocabulario.

Sin embargo, aun cuando seamos cuidadosos al escoger nuestras palabras, es importante el entender el potencial de cuando se utilizan mal. Por ejemplo, al cambiar el énfasis de "Yo" a "Usted" puede que de buen resultado en algunas situaciones —y que te contraataque en otras.

¿Recuerdas la experiencia al tratar de renovar tu licencia de conducir en el Departamento de Tránsito o al tratar de inscribirte en la universidad? Escuchaste instrucciones tales como: "Tiene que estar en la otra fila. ¿No leyó las instrucciones?" o "Tiene que regresar el lunes por la mañana. Ya estamos cerrando" o "Debe llenar primeramente este cuestionario". Cuando utilizamos la palabra *usted* como parte de una orden o de un mandato, generalmente terminamos apretando el botón de resistencia de alguien. A la mayoría de las personas no les gusta que se les diga que hagan algo, así que con cada petición utiliza las palabras mágicas *por favor* y *gracias.* Estas palabras unen a las personas en lugar de separarlas. Vas encontrar fácil el llevarte bien con los demás si mantienes tus palabras sencillas y que vayan al punto. Si otras personas necesitan de un diccionario o de un intérprete para entenderte, no vas a poder alcanzarles. No trates de impresionar a otros con palabras muy rebuscadas cuando una sencilla será suficiente.

Quizás hayas escuchado acerca del "memo" impresionante que un tasador de seguros envió a la oficina principal: "La presión involucrada para obtener la declaración de los testigos, tanto para el demandante como para la parte acusada, ha hecho necesario revisar la fecha del arbitraje de los hallazgos hasta dentro de tres días sin que se prevean cambios". ¿Qué fue lo que dijo? "El reporte completo estará sobre su escritorio el día jueves". Algunas veces en lugar de aclarar un punto, nuestras muchas palabras pierden el punto por completo.

Para mí una palabra "dicha como conviene" (Proverbios 25:11) indica que tú realmente quieres decir lo que hablas. ¿Has dicho alguna vez: "Veámonos un día" o "Te llamo por teléfono"? Es mejor que seas específico en lo que dices y que no utilices frases como éstas para nada. Cuando utilizas frases vanas como éstas, a las cuales no les das importancia, puedes hacerte de la reputación de que no eres confiable.[2]

Preguntando sabiamente

La azafata se dio cuenta de que los dos pasajeros que estaban abordando eran de la misma compañía, pero que se habían sentado separados, aun cuando el avión estaba medio vacío. Por curiosidad, le preguntó a uno de ellos el por qué no estaban sentados juntos.

"Lo evito tanto como me sea posible —contesto cortésmente—, he trabajado por años con él y nunca cambia. Habla sin cesar y me cansa con sus preguntas manipuladoras. No me gusta conversar con él".

Las preguntas son una parte importante del contacto humano. Algunas personas utilizan las preguntas para profundizar y enriquecer sus relaciones. Pero muchas otras personas utilizan las palabras como un arma para cazar, manejar, tomar ventaja, atacar, atrapar, o para derribar las defensas de los demás. También, una persona que constantemente acosa a otros con preguntas puede que quiera mantener a los demás alejados de sí misma. Algunas preguntas son como barreras que hacen que las personas no se lleven bien.

Algunas preguntas ofensivas son acusatorias, poniendo a las personas en apuros: "¿Por qué dijiste eso?" "¿Por qué actúas de esa manera.?" "¿Por qué quieres comer la misma cosa cada noche?" "¿Por qué vives en esa área tan mala de la ciudad". La mayoría de nosotros evitamos a las personas cuyas preguntas reflejan acusaciones y juicio en lugar de interés o simpatía.

Otras preguntas tienen la intención de "atrapar" a otros. ¿Has escuchado —o hecho— preguntas de este tipo?: "Si te puedo mostrar una manera más rápida de hacerlo ¿estarías interesado?" "¿Quieres estar sano y ágil de mente cuando seas anciano, ¿no es cierto? ¿Por qué no tomas ese segundo trabajo? Necesitas ese dinero extra para poder cuidar de nosotros, ¿no es cierto?" Preguntas como éstas hacen sentir a las personas presionados contra la pared y forzados a responder de una cierta manera.

Una forma sutil de las preguntas para "pescar" a alguien son las llamadas preguntas sin salida. Las preguntas sin salida no invitan a una opinión, sino más bien buscan un acuerdo con la opinión del que pregunta. Noten la diferencia tan sutil:

Sin salida: ¿No te gustó el sermón del pastor esta mañana?
Abierta: ¿Qué piensas del sermón del pastor de esta mañana?
Sin salida: ¿Puedes creer que el tesorero quería gastar tanto dinero en el banquete anual?
Abierta: ¿Cómo respondiste a la sugerencia del tesorero en lo que respecta a los gastos para el banquete?
Sin salida: Es feo este restaurante, ¿no es cierto?'
Abierta: ¿Qué te parece este restaurante?

Las preguntas directas, abiertas, honestas, van a hacer que las personas se sientan atraídas hacia ti en lugar de obligarlas a evitarte.[3]

Una persona de entendimiento

Un término utilizado a menudo en la Biblia en conjunción con la sabiduría es el *entendimiento.* Proverbios 18:2 dice: "No toma placer el necio en la inteligencia, sino en que su corazón se descubra." Este tipo de persona no está interesada en llevarse bien con los demás o en escuchar a otros. El está tan entretenido en atraer la atención hacia sí mismo que no se da el tiempo para entender los aspectos de una situación, problema, o relación. En contraste, una persona con entendimiento mantiene un enfoque externo para poder discernir su papel de apoyo en las situaciones y en las relaciones. El escritor de los Proverbios exaltó los beneficios del entendimiento: "Bienaventurado el hombre que halla la sabiduría, y que obtiene la inteligencia, porque su ganancia es mejor que la ganancia de la plata, y sus frutos más que el oro fino" (Proverbios 3:13-14).

Una característica principal de una persona con entendimiento está revelada en Proverbios 14:29: "El que tarda en airarse es grande de entendimiento; más el que es impaciente de espíritu enaltece la necedad". Una persona que no tiene sabiduría y entendimiento tendrá problemas para controlar su ira. Y una persona que no puede controlar su ira tendrá problemas en llevarse bien con los demás. La ira explosiva ha sido llamada la maldición de las relaciones interpersonales. Una expresión de ira siempre debería atenuarse en beneficio de la relación que puede afectar.

Considera los cuatro siguientes hechos acerca de la ira:

1. La ira no es el problema real ni la emoción principal. La ira es un síntoma. La ira crece de una herida, del temor, o de la frustración. Para muchas personas, la frustración está al principio de la lista.
2. El expresarle la ira a otra persona no hace que ésta se aminore. Generalmente un arranque de ira aumenta las emociones y refuerza la tendencia para que ocurran futuros "arranques".
3. La manera en que tratas con tu ira es aprendida. Esto también significa que puedes aprender nuevas maneras de expresar y de controlar tu ira.
4. La otra persona *no* es responsable de hacerte enojar.

Proverbios 18:13 revela un elemento principal de mal entendidos que contribuyen a la ira: ¡Qué vergüenza, qué estupidez, es decidir antes de conocer los hechos!" (La Biblia al Día). A menudo hacemos juicios antes de considerar todos los hechos. Pensamos que sabemos todo lo que necesitamos saber y reaccionamos a la situación sin entender, y a menudo, con ira. Sin embargo, una persona de entendimiento se toma el tiempo para observar, investigar, y ve la situación de una manera desapasionada a través de los ojos de los demás. Considera las siguientes situaciones. ¿Cómo respondería una persona impetuosa, y que no piensa? ¿Cómo respondería una persona de entendimiento? ¿Cómo responderías tú?

Llegas a tiempo para tu cita, pero te sientas en la sala de espera por más de una hora antes de que el doctor te pueda ver.

Un conocido de negocios hace una cita contigo para comer, y no hace acto de presencia en el restaurante.

Tu esposa te promete hacer un trabajo importante para ti, pero se le olvida hacerlo.

Le prestas una herramienta a tu vecino que te promete que te la va a devolver el sábado para que tú la puedas utilizar. Y no te la trae.

Uno de tus empleados sale de su trabajo unos minutos más temprano cada día, durante varias semanas, sin ninguna explicación.

¿Cuál es tu primer pensamiento en cada una de estas situaciones? ¿Tiendes a hacer tus propias conclusiones? Por ejemplo, piensas que el doctor está tan interesado en hacer dinero que puso pacientes de más, haciéndote esperar. Puede que te imagines que tu amigo de negocios estaba ocupado con una persona que le gustaba más que tú. Tu esposa juzgó que el trabajo no era importante y lo ignoró. Que tu vecino esperaba que te olvidaras de la herramienta para poder quedarse con ella. Que tu empleado estaba tratando de hacerte trampa.

Quizás respondas de una o más de las siguientes maneras:

Te enojas con los demás por ser desconsiderados.

Dices cosas tales como: "No puedo creer que esa persona sea tan desconsiderada".

Se lo cuentas a dos o tres personas ese mismo día.

Prometes que no te vas a volver a meter en ese tipo de situaciones otra vez.

Buscas alguna forma para hacerle pagar a la otra persona por su desconsideración.

Consideras el cambiar de doctor, despides a tu empleado, te comes a tu vecino, etcétera.

Te preguntas a ti mismo: "Me pregunto qué fue realmente lo que pasó. Probablemente hay una buena explicación para este problema. Necesito saber qué fue lo que pasó. Voy hablar con él o con ella al respecto. Mientras tanto, voy a orar por esa persona".

Ves, tienes varias opciones diferentes para responder a las situaciones irritantes. Algunas te llevan a la ira y quizás a un daño en tu relación. Pero la última elección refleja tanto el entendimiento como el amor que está "listo para creer todo" (1 Corintios 13:7). Al menos, puedes ver razones plausibles para la situación. Tu doctor se pudo haber retrasado por alguna urgencia con otro paciente. Tu conocido de negocios se pudo haber enfermado. Tu esposa puso a un lado tu trabajo porque le estaba ministrando a un vecino que no es cristiano. Tu vecino tal vez necesitaba utilizar la herramienta durante una semana más y no tuvo éxito en comunicarse contigo. Tu empleado pudo haber estado trabajando durante el tiempo de descanso para así poder salir antes, para ver el juego de su hijo. Sí, quizás hubiese sido mejor si estos individuos hubieran explicado su manera de actuar o de comportarse. Pero cuando eso no sucede, una persona de entendimiento siempre va a cuidar la relación esperando pacientemente y con una actitud positiva.

Las personas de entendimiento se van a llevar bien con los demás no solo porque pueden controlar sus propios sentimientos de ira, pero también cualquier ira dirigida hacia ellos. Cuando otros se enojan contigo, no necesitas encerrarte en una urna o explotar como represalia. Tienes varias alternativas positivas para esas reacciones.

Primero: Permítele a la otra persona que se enoje. Repítete a ti mismo: "Está bien que se enoje. Puedo soportarlo y voy a escuchar sus preocupaciones. Lo que está compartiendo ahora mismo no es solamente ira: también es frustración, dolor, o temor. Voy a tratar de entender la raíz de su enojo".

Segundo: No cambies tu comportamiento simplemente para que alguien no se enoje contigo. Si lo haces, estás permitiendo que te controlen. Cuando alguien se enoja, es su responsabilidad el superarlo. Sin embargo, si estás haciendo algo que no deberías de hacer, y alguien se enoja por ello, cambia tu comportamiento.

Tercero: No refuerces la ira de otros respondiendo de igual manera o cumpliendo sus demandas. Simplemente explica tu punto de vista de una manera cuidadosa y lógica,

Cuarto: Pídele a la persona que te responda de una manera razonable. Sugiérele que vuelva a decir lo que le molesta en un tono de voz más bajo, y que te hable como si se acabaran de conocer. Tu petición puede que tome a la otra persona por sorpresa, pero cambiará el enfoque de sus sentimientos a la cuestión que están tratando.

Quinto: No necesitas responder con ira ante la ira. Memoriza y revisa a menudo los siguientes pasajes y entenderás el por qué la ira no tiene nada de productiva: "El hombre iracundo promueve contiendas; mas el que tarda en airarse apacigua la rencilla" (Proverbios 15:18). "La cordura del hombre detiene su furor. Y su honra es pasar por alto la ofensa" (Proverbios 19:11). "Por esto, mis amados hermanos, todo hombre sea pronto para oír, tardo para hablar, tardo para airarse" (Santiago 1:19).

Muestra un poco de amabilidad

¿Sabes qué es el dar algo por hecho? Continúas dando de ti mismo por un período de tiempo y no hay respuesta, o reconocimiento a tus esfuerzos. Aun cuando deberíamos de ser capaces de dar libremente y con amor, sin esperar nada a cambio, la mayoría de las personas responden bien cuando sus esfuerzos son reconocidos. El ser sabio y sensible para reconocer y apreciar las contribuciones de otros es un camino seguro para llevarte bien con los demás. Algunas veces las personas necesitan que se les acepte de una manera amable teniéndose en cuenta su necesidad de ser reconocidos y apreciados. Recuerdo a una esposa que sabía cómo animar a su esposo de una manera útil y amorosa:

—Cariño, si muero antes que tú, te gastarías mucho dinero comprándome flores, ¿no es cierto? —ella le decía.

—Por supuesto querida —él respondió, de alguna manera preguntó— ¿Por qué me haces esa pregunta?

—Simplemente estaba pensando que en esos momentos las flores no significarían mucho para mí. Pero una flor de vez en cuando mientras aún viva me daría mucha alegría.

De ese momento en adelante cada semana recibió una flor de parte de su esposo. Por un lado, es malo que ella haya tenido que pedirle a su marido que le halagara con flores. Pero por el otro, el haber venido a mostrar su petición fue mejor que si hubiera dejado que sus deseos que murieran dentro de ella.

A través de los años, muchas esposas me han dicho que el único momento en que escuchan acerca de lo que hacen por sus maridos es cuando sus camisas favoritas o sus calcetines limpios no están en el cajón. Y generalmente eso sólo sucede una vez al mes. En los otros veintinueve días, cuando la ropa limpia está en su lugar, las esposas nunca escuchan una palabra de aprecio por sus esfuerzos. Estas mujeres desesperadamente necesitan que sus esposos las reconozcan, las halaguen, y que se lo agradezcan con detalles pequeños pero que significan mucho.

Hay muchas maneras de "dar" flores para iluminar los días de las personas que están a nuestro alrededor. Una forma práctica es enviando una nota, una tarjeta, y cartas que expresen amor, amistad, aprecio, y agradecimiento a la gente que comparte tu vida diaria. A través de los años he recibido cartas que no he pedido y notas de estudiantes, participantes de seminarios, y de otras personas. Cada una de esas expresiones de amabilidad me han alegrado. Es bonito el ser apreciado.

Por más de dos años he tenido como empleadas a dos recepcionistas en mi oficina. Cada una de ellas trabaja solamente dos días a la semana. Las dos señoras nos han llegado a conocer a Joyce y a mí, y se han conocido la una a la otra, por más de treinta años, así que ambas se complementan y encajan perfectamente en la oficina. Han añadido mucho a la oficina a través de su trabajo tan perfecto y competente. Pero más que eso, su sensibilidad y su atención a las necesidades y a los intereses de otros es sobresaliente. Siempre recuerdan los cumpleaños de todos y todas las ocasiones especiales. Constantemente traen cositas que preparan en casa para compartirlas con todos. Expresan su aprecio a través de notas, tarjetas, y palabras personales. Añaden una dimensión saludable de satisfacción personal a nuestra oficina. Reflejan cualidades de cuidado, tanto en lo que hacen como en quienes son. Su atención cuidadosa para reconocer y apreciar, que demuestran estas mujeres, es importante en cada relación —ya sea en el hogar, trabajo, iglesia, vecindad, amistad, etcétera.

Las personas son atraídas hacia aquellos que saben apreciar y se sienten distanciadas de aquellos que dan señales de indiferencia. Una encuesta que leí ilustrará este punto. La encuesta describía las varias razones por las cuales un cliente dejaba de comprar en cierta tienda departamental. Uno por ciento de los clientes lo hacía debido a la muerte. Tres por ciento porque se mudaron del área y el cinco por ciento se cambiaron de tienda por las recomendaciones de las amistades. El nueve por ciento dejó la tienda por precios competitivos y el catorce por ciento no estaba contento con los productos. Pero el sesenta y ocho por ciento decidió comprar en otro lugar por causa de las actitudes de indiferencia expresada por los empleados. Piensa en ello. Cuando tú sientes una actitud de "no me importa" que proviene del personal de un restaurante o de una tienda, ¿te sientes con ganas de volver a ese lugar? Ha habido veces que me hubiera gustado llamar a los meseros o a los empleados de algún sitio para hablar con ellos durante cinco minutos y decirles acerca de las actitudes tan pobres que causaban un impacto negativo en la clientela. Las actitudes negativas e indiferentes pueden arruinar todos los niveles de las relaciones.[4]

Espero que para estos momentos ya hayas empezado a pensar seriamente acerca de la importancia de aplicar la sabiduría de las Escrituras a tus relaciones. Cuando te tropieces en tus relaciones con los demás, reflexiona en los pasajes de las Escrituras presentados en este capítulo. Pídele a Dios para que te dé inteligencia y sensibilidad para seleccionar los pasajes específicos de su Palabra para que te ayuden en esas situaciones. Puede que no seas capaz de determinar qué hacer por ti mismo, pero por eso es que Dios comparte su sabiduría con nosotros, ¿no es cierto?

6

¿Estás listo para sintonizarte?

A finales de 1988, la atención de todo el mundo estaba enfocada en una región del ártico cerca de la cima del mundo. Tres ballenas estaban atrapadas en un pequeño círculo de océano, rodeado por un conglomerado de hielo. Las tres criaturas estaban condenadas a morir al menos que la capa de hielo fuera rota permitiéndoles así el acceso al mar abierto. Rompehielos soviéticos y norteamericanos fueron a través del hielo en un intento por salvar a las ballenas. Conforme se agotaban los días, una de las ballenas sucumbió y desapareció en las profundidades. Finalmente, después de pasar varios días haciendo el esfuerzo y gastando centenares de miles de dólares, los socorristas atravesaron el hielo y liberaron a las ballenas sobrevivientes, y el mundo que observaba dio un suspiro de alivio.

¿Por qué se gastó tanto dinero y se hizo tanto esfuerzo para salvar a tres ballenas? La respuesta está resumida en pocas palabras que atrapan la atención de la humanidad: ¡especies en peligro! Nos hemos vuelto muy protectores y estamos en contra de la pérdida potencial de los recursos ambientales de la tierra. Hemos establecido sociedades para que cuiden una amplia variedad de animales y de plantas que están en peligro de extinción. Los del medio ambiente trabajan sin descanso, y algunas veces militantemente, para asegurar la preservación de las especies en peligro.

¿Te habías dado cuenta de que hay unas especies en peligro en la familia humana que existen frente a nuestras propias narices? Puede que te hayas cruzado con una de esas personas sin haberte dado cuenta de lo raras que son. Todos queremos estar alrededor de este tipo de personas. Realmente gozamos su compañía; se llevan bien con casi todo el mundo. Causan un tremendo impacto en aquellos que los rodean. Pero cada vez es más difícil el encontrarlos. Estoy hablando de la especie en peligro de extinción de las personas que saben escuchar —personas que saben cómo escuchar con sus ojos, mentes, y corazones al igual que con sus oídos.

¿Eres miembro de esta especie rara? ¿Puedes calificarte como una persona que sabe escuchar? Pero antes de que respondas, ¿estás seguro de que sabes qué es un buen oyente? He consultado a personas por más de veinte años que pensaban que eran buenos oyentes, pero se sorprendieron al ver que no encajaban en la descripción. ¡No habían estado escuchando! Necesitaban descubrir que escuchar de una manera verdadera es una habilidad que debe ser aprendida, practicada, y desarrollada.

Las personas están hambrientas y desesperadas por ser escuchadas por otros. Puedes tal vez contar bastantes personas que quieren hablar contigo. Pero ¿quién te escucha a ti cuando quieres hablar —quiero decir, quién te escucha realmente? Y del otro lado de la moneda, ¿a quién escuchas? Nos vamos a llevar mejor con los demás si sabemos cómo escuchar, pero desafortunadamente, los buenos oyentes son difíciles de encontrar.

La escasez de buenos oyentes es ilustrada de una manera humorística por la historia de un joven psíquiatra, quien empezó su trabajo en un edificio muy grande. Cada noche, después de escuchar a las personas hablar de sus problemas durante todo el día, el joven doctor estaba cansado. Cuando entraba al elevador para irse a casa, sus hombros estaban caídos y su cabeza cabizbaja. Todo acerca de su postura y sus expresiones reflejaba su fatiga exteriormente.

El elevador generalmente se detenía varios pisos abajo y otro psíquiatra, quién había estado trabajando por más de treinta años, entraba vigorosamente. El hombre mayor siempre lucía alerta, tenía una sonrisa en la cara y silbaba en un tono alegre. No había nada que demostrara cansancio en él. El joven psíquiatra tenía curiosidad acerca de la tranquilidad del viejo doctor en una profesión tan atareada, pero no decía nada.

La escena se repitió cada día durante tres semanas. El joven doctor entraba al elevador y se le veía cansado y exhausto, pero el psíquiatra veterano siempre era una imagen de la vitalidad, hasta que la curiosidad del joven psíquiatra lo hizo decir de la mejor manera posible:

—No lo entiendo —le dijo a su colega un día conforme iban en el elevador hacia el lobby—. Difícilmente me puedo mover después que las personas me describen sus problemas, sin embargo, usted deja su oficina tan fresco y con tantas energías como cuando llegó. Me cansa el tener que escuchar tanto. ¿Cómo lo logra usted?

El viejo psiquiatra sonrió y dijo: —¿Quién va a estar escuchando?

Puede que la historia nos haga reír, pero indica lo que sucede hoy día. A la gente le encanta hablar, ¿pero quién tiene deseo de escuchar? A menudo nuestras conversaciones son los diálogos de los sordos —todo el mundo está hablando, ¡pero nadie escucha! Como sugiere la historia del elevador, algunas veces los oyentes profesionales, pastores, psíquiatras, psicólogos, consejeros —son las personas que ofenden más. Jesús expresó el problema de la siguiente manera:"Por eso les hablo por parábolas: porque viendo no ven, y oyendo no oyen ni entienden" (Mateo 13:13). Realmente no vemos todo lo que podríamos estar viendo con nuestros ojos, ni escuchamos lo que podríamos estar oyendo con nuestros oídos. Noto que hace falta el escuchar dentro de nuestras iglesias. Por ejemplo, dos miembros se saludan el uno al otro conforme llegan al servicio del domingo por la mañana:

—¿Cómo está usted esta mañana, hermano Smith?

—Terrible, hermano Jones. Ayer mi perro fue atropellado por una camioneta, y mis dos hijos tienen paperas.

—¡Alabado sea el Señor! Eso es maravilloso, hermano Smith, que tenga un día lleno de bendiciones.

¿Qué estoy siendo bromista? Solamente un poco. He visto que estas cosas suceden y tú también las has visto. No suceden solamente en las iglesias, suceden en todas partes. Tome el ejemplo de viajar en avión. Cuando el avión aterriza y la gente está saliendo, las azafatas en la puerta están diciendo de una manera mecánica: "Adiós. Gracias por haber volado con nosotros. Esperamos que la hayan pasado bien".

Algunas veces bromeando para probar si me están escuchando les respondo: "Fue un vuelo terrible, tres de nosotros vomitamos, adiós". Generalmente simplemente sonríen y asienten con la cabeza conforme se voltean para despedir al próximo pasajero en la línea. No están escuchando.

Recientemente he dado esta ilustración en unos seminarios y unas azafatas vinieron a hablar conmigo posteriormente. Me dijeron: "Tiene usted razón acerca de que las azafatas no escuchan —admitieron—. Es tan aburrido el decirle adiós a cientos de pasajeros todos los días que nuestros cerebros se ponen en un estado neutral. Lo que los pasajeros nos dicen a menudo no lo registramos".

Escuché la historia de un hombre que estaba decidido a comprobar qué poco atentas son las personas al escuchar. Una vez, cuando pasó a través de una fila en una ceremonia de casamiento, saludó a cada persona en la fiesta con una expresión agradable y con una sonrisa calurosa mientras decía: "Los lagartos están sueltos". A cada uno que se lo decía, éste le daba las gracias y le sonreía. Aun una mujer dijo: "Oh, estoy tan contenta de que le haya gustado, los hice yo misma". Las personas oyen, pero no siempre escuchan.

El escuchar es un arte. Es un don con valor espiritual que puedes aprender a compartir con los demás. En el libro de los Proverbios leemos: "El oído que oye, y el ojo que ve, ambas cosas igualmente ha hecho Jehová" (Proverbios 20:12). Cuando escuchas a otros les das un sentimiento de importancia, de esperanza, y de amor el que tal vez no lo recibirán de otra manera. A través del escuchar alimentamos y validamos los sentimientos de los demás, especialmente cuando están experimentando dificultades en sus vidas.

El escuchar es el poner mucha atención a lo que otra persona está compartiendo contigo. Nota que no dije "lo que alguien te está diciendo". A menudo lo que los demás comparten con nosotros es mucho más de lo que dicen. El escuchar requiere apertura a cualquier cosa que se comparta con nosotros —sentimientos, actitudes, preocupaciones, etcétera, al igual que las palabras. El escuchar también significa el ponerte en una posición para responder a cualquier cosa que se esté compartiendo contigo. El escuchar es una expresión de amor, puesto que involucra el interesarse lo suficiente para tomar de una manera seria lo que la otra persona nos está comunicando. Cuando escuchas con amor, invitas a esa persona a que entre en tu vida como si fuera alguien especial. Cuando las personas saben que las escuchas, van a confiar y se sentirán seguras contigo. Y si eres un buen oyente, será más probable que otros te inviten a sus vidas como alguien que es especial. Aquellos a quienes escuchas también aprenderán a través de tu ejemplo para responder abiertamente y cariñosamente a lo que tú compartas con ellos.

Diferentes formas de escuchar.

¿Sabías que al menos hay tres maneras diferentes de escuchar? Cada una de ellas es una expresión diferente y necesaria de la habilidad aprendida en cuanto a escuchar. Fijémonos en cada una de ellas.

El escuchar sin palabras. Al escuchar sin palabras utilizas la postura de tu cuerpo, la expresión de tu cara, y tu tono de voz para comunicar a la otra persona que tú quieres escuchar más de lo que ellos están tratando de compartir contigo. El escuchar sin una expresión, puede molestar o distraer a la persona que está hablando. El o ella pueden pensar que no estás poniendo atención o que no estás interesado en lo que te dicen. Puede que digas que estás escuchando, pero si no demuestras que estás escuchando, no te lo van a creer. Algún tipo de respuesta física es necesaria para comunicar tu interés de una manera que no sea verbal.

Otro elemento de escuchar sin palabras involucra tu respuesta a través de sonidos que reflejen interés. Por ejemplo, conforme alguien está compartiendo contigo, ocasionalmente puedes insertar un "mmmm", "aaah", "sí", "aha", "es verdad", o cualquier otro sonido que invite a la persona a seguir compartiendo contigo. Estas respuestas no son preguntas ni frases, sino meramente sonidos sin juicio alguno, los cuales comunican, "te estoy escuchando: sígueme contando". Algunos sonidos que utilizamos no son una invitación a continuar sino juicios o desafíos a la credibilidad. Por ejemplo, he escuchado a personas decir, "¿sí? con un reflejo en la voz que está diciendo, "no te creo". El escuchar efectivamente sin palabras siempre va a incluir posturas, expresiones, y sonidos que no llevan mensajes, los cuales comunican una atención completa y hacen que la persona que está hablando se sienta cómoda al seguir compartiendo.

Durante los momentos más obscuros de la Guerra Civil, el presidente Abraham Lincoln le escribió a un viejo amigo en Springfield, Illinois, invitándole a que viniera a Washington para discutir algunos problemas. Cuando llegó su amigo, Lincoln habló acerca de los pros y de los contras de la emancipación de los esclavos. Le leyó en voz alta a su amigo muchas cartas y recortes de periódicos sobre el tema. Algunas personas escribían para denunciar al Presidente por no liberar a los esclavos y otros lo denunciaban por temor a que los liberara. Después de varias horas el Presidente se dio la mano con su amigo, le dijo adiós y lo envió de regreso a Illinois. Lincoln había hablado todo el tiempo. Ni siquiera le preguntó a su amigo qué pensaba sobre esos asuntos. "Parecía que se sentía más tranquilo después de hablar", reportó posteriormente el amigo.

Lincoln no quería un consejo. Lo único que quería era a alguien que fuera amistoso y que le gustara escuchar para poder compartir su carga. Generalmente es lo que buscan las personas alrededor de nosotros que tienen problemas. Necesitan que les escuchemos y que les comuniquemos de una manera no verbal que nos interesamos en ellos y en lo que tienen que decir.

El escuchar que comprueba. A menudo cuando escuchas necesitas comprobar con el que habla para ver si estás escuchando y entendiendo correctamente lo que se te está diciendo. Al comprobar le reflejas a la persona lo que escuchaste para verificar el mensaje. Por ejemplo, puedes decir: "Lo que me estás diciendo es (repite o sumariza el mensaje). ¿Es eso lo que quieres decir? ¿Te entendí bien?". Al comprobar de esta manera, le das la oportunidad a la otra persona para aclarar cualquier mal entendido que pueda haber surgido. Pero las frases para comprobar deben ser dichas con un tono de voz y con un lenguaje corporal que muestre interés en el mensaje, y no que lo desafíe.

El comprobar lo que escuchas puede que sea un método útil para lidiar con las personas que tienen problemas para comunicarse, tales como son las personas que se quejan o que critican demasiado, o con aquellos que dominan la conversación. A menudo tratamos de evitar estos encuentros sólo para quedar atrapados en ellos a final de cuentas. Nuestro tono de voz y nuestro lenguaje corporal demuestran que no nos gusta escucharles. Pero mientras más nos resistimos, más persisten todavía. Ellos captan el mensaje no verbal de que no disfrutamos de su conversación, pero no parece que eso los vaya a detener.

¿Por qué no dejamos de resistirnos y empezamos a escuchar —a escuchar realmente de una manera nueva? Al comprobar lo que escuchas podrás tomar control de una conversación negativa y ejercer una influencia positiva en esa situación. Correcto: El que escucha, y no el que habla, tiene más control, poder, e influencia en una conversación. Si la conversación fuese un automóvil, el que habla sería el motor y el que escucha, especialmente el que comprueba lo que escucha, sería el volante. El motor del auto provee de la fuerza, pero el volante decide a dónde es que el auto va. El oyente que comprueba al que se queja, al crítico, o al dominante con preguntas y con declaraciones, puede dirigir el rumbo de una conversación.

Juan vino a discutir conmigo sus dificultades en el trabajo. El tenía los tres tipos de comunicadores problemáticos en su oficina. Estas personas realmente necesitaban hablar con Juan en el transcurso del día de trabajo. Pero irritaban tanto a Juan que encontraba maneras creativas para evitarlos la mayoría de las veces, lo cual provocaba más hostilidades en las relaciones del personal. A Juan le gustaba su trabajo, pero la pasaba tan mal llevándose con sus compañeros que se encontró con que quería estar lejos de la oficina.

Le pedí a Juan que me diera un ejemplo de la comunicación irritante de parte de sus compañeros:

—A Fred le encanta quejarse —él dijo—. Siempre dice que tiene más territorio que el que puede abarcar y que necesita ayuda para cubrir sus cuentas. No puedo soportar el escuchar la misma queja todo el tiempo, así que lo evito tanto como me es posible.

—Quizás necesitas dejar de evitar a Fred y escucharle realmente —le respondí—. Si él se diera cuenta de que lo estás escuchando, quizás no te molestaría tan a menudo y tu relación de trabajo se podría mejorar.

Entonces le compartí acerca de comprobar lo que escuchaba y le sugerí algunos ejemplos de lo que podía decir y que podía utilizarlos para hacer que las quejas de Fred se reflejaran sobre él mismo: "Fred, me estás diciendo que tienes demasiado para ti solo y que necesitas otra persona que te ayude". "Entiendo que tu territorio se está volviendo demasiado grande para que sólo una persona lo trabaje". "Suena como si estuvieras agobiado en estos momentos por causa de que tu territorio es demasiado grande".

Animé a Juan para que hiciera sus propias frases y que las practicara en su casa hasta que se sintiera en paz con el proceso. Al principio se sintió un poco raro, pero después de dos meses me dijo:

—Está dando resultado. No puedo creer cuanto han cambiado esas tres personas en mi oficina. Cuando utilizo esa manera de comprobar lo que dicen, ya no siguen diciendo lo mismo como antes lo hacían. Hasta hemos empezado a hablar de cuestiones personales y ya no solamente de asuntos de trabajo.

—¿Si le preguntara a tus tres compañeros de trabajo cómo has cambiado tú, qué piensas que me responderían? —le dije a Juan.

—Ellos dirían que ahora realmente les escucho —asintió Juan moviendo la cabeza.

De acuerdo a Proverbios, hay unos castigos tristes por no ser una persona que comprueba lo que escucha. "Al que responde palabra antes de oír, le es fatuidad y oprobio" (Proverbios 18:13). Pero desde el lado positivo hay al menos seis beneficios al comprobar lo que escuchas.

1. El que te habla apreciará ser escuchado y entendido por ti.
2. Las personas que comprueban lo que escuchan pueden reducir la ira y calmar una discusión detestable porque el que está hablando se da cuenta de que está siendo escuchado.
3. Las malas comunicaciones son minimizadas o eliminadas. El que comprueba lo que escucha le da la oportunidad a la otra persona de aclarar el significado de cualquier cosa.
4. El que comprueba con preguntas recordará mucho mejor lo que se le dice que si sólo fuera un oyente pasivo.

5. El comprobar lo que se escucha es una de las maneras más directas y efectivas para eliminar los problemas de la comunicación.
6. El que comprueba lo que escucha le da la oportunidad al oyente a permanecer calmado y se sentirá en control de la situación reduciendo la tensión emocional y se colocará en el lugar del conductor.

Escuchar con interés. En esta variedad del escuchar, escuchas el contenido emocional detrás del mensaje que se te está compartiendo y se lo reflejas a la persona que habla, de una manera acentuada pero con tus propias palabras. El escuchar con interés incluye el apoyar, cuidar, y aceptar a la persona que habla de una manera que muestra tu simpatía en tus propias palabras. El escuchar con interés extiende una cálida invitación para que la persona que habla comparta sus alegrías, preocupaciones y heridas más profundas contigo.

El diálogo siguiente, es una de las conversaciones semanales entre Francisco y su padre, e ilustra el escuchar con interés. Los padres de Francisco habían estado casados por cincuenta y un años antes de que ella muriera hace casi tres años. El padre de Francisco fue afectado demasiado por la pérdida y aún no sale mucho. Muchos de sus amigos le animan a que continúe con sus "hobbies" y de que se mantenga ocupado visitando a sus nietos. Noten cómo Francisco anima a su padre simplemente escuchando y compartiendo respuestas de simpatía:

Francisco: Papá, ¿cómo estás hoy?
Papá: Voy pasándola bien, hijo.
Francisco: Así que la estás pasando bien.
Papá: Sí, tanto como puedo a pesar de que tu madre se ha ido.
Francisco: Papá, suena como que aún sientes mucho la muerte de mamá. Fue una gran pérdida.
Papá: Sabes, no pensé que la iba a pasar tan mal. Ni siquiera pensé que iba a tomar tanto tiempo el recobrarme.

Francisco: Después de todos estos años que estuvieron juntos, la extrañas y extrañas el tiempo que pasaban juntos.

Papá: (después de una pausa, con un ligero quiebre en su voz): Francisco, es que la extraño cada día que pasa, y algunas veces me siento solo durante todo el día. Muchos de mis amigos quieren que siga adelante con mi vida y que no piense mucho en ella. Pero yo quiero recordarla. ¡Hay tantos buenos recuerdos!

Francisco: Parece que quieres hacer algo que te ayude a recordar a mamá.

Papá: Puede que suene tonto, pero realmente quiero visitar algunos de los lugares que mamá y yo vistamos juntos. Estaba pensando en llevar uno o dos de mis nietos conmigo. ¿Qué te parece?

¿Acaso Francisco dio su opinión de lo que su padre debería hacer? ¿Le dio a su padre algún consejo sobre la decisión que debería tomar? ¿Trató de animar a su padre? No. Simplemente escuchó de una manera reflexiva, lo que animó a su padre a expresar sus pensamientos y sus sentimientos internos. La respuesta de Francisco hizo que su padre se sintiera entendido. Eso es lo que quiere la gente: alguien que los entienda y que los acepte. Conforme aprendes a animar a otros con tu interés al escuchar, puedes sentir la necesidad de los demás por ser entendidos y aceptados.

Noten también cómo este estilo de escuchar puede ser utilizado en lo que respecta a las personas en el trabajo:

María: Parece que está oscureciendo más temprano cada día.

Diana: Sí, parece que sí.

María: Ojalá no oscureciera tan pronto. Tengo que caminar cuatro calles después de bajarme del autobús y en estos días no sabes con quien te puedes encontrar en las calles.

Diana: Tienes miedo de que te pueda pasar algo.

María: Creo que sí. Detesto sonar como una vieja miedosa, pero apenas la semana pasada una mujer más joven fue asaltada a una cuadra de mi casa.

Diana: Tienes miedo de que te suceda lo mismo cuando vayas caminando a casa.
María: Sí, y por eso quiero pedirle a nuestro supervisor que me cambie las horas por los próximos dos meses para poder llegar a casa antes de que oscurezca. Me sentiré mucho más segura.

Las respuestas de interés de Diana ayudaron a María para que compartiera sus sentimientos verdaderos.[2]

El que se preocupa por escuchar. Puesto que la Palabra de Dios llama a cada creyente a que sea una "persona pronta para oír" (Santiago 1:19), debemos entender qué es lo que significa oír. Hay una diferencia entre oír y escuchar. Escuchar es básicamente obtener el contenido o la información que proviene de tus propios esfuerzos. Al escuchar tú estás interesado en lo que está sucediendo dentro de *ti* durante la conversación. Estás concentrado en tus propias reacciones, respuestas, pensamientos, y sentimientos.

El oír significa el preocuparte por y simpatizar con la persona a la que estás escuchando. Al oír estás tratando de entender los pensamientos y sentimientos de la persona que habla. Estás escuchando por causa de ellos, y no por tu causa. No piensas en lo que vas a decir cuando la persona deje de hablar. No estás preocupado en formular tu respuesta, s ino que estás concentrado en lo que se está diciendo.

El que se preocupa por escuchar será sensible y podrá oír cosas no verbalizadas tales como el tono, volumen y la velocidad de las palabras de la otra persona. Estas cosas te dirán cuando la persona que habla está lista para una respuesta y cuando no quiere ser interrumpida. Por ejemplo, cuando la velocidad de la voz baja, generalmente esa persona está dispuesta para que otro intervenga en la conversación. Pero cuando su volumen y velocidad aumentan, está indicando que quiere seguir hablando. Cuando una persona habla despacio y suavemente, puede revelar que está triste o que se siente reticente para hablar de un tema tan sensible. Pero el volumen alto y la rapidez puede revelar, ya sea felicidad o ira. El darse cuenta de esas cosas ayudará al oyente para que sepa cuándo hablar y cuándo mantenerse callado.

Numerosos estudios sugieren que los hombres y las mujeres escuchan de una manera diferente. Los hombres tienden a expresar pocos sonidos; las mujeres son más liberales para enviar estas claves sin palabras y esperan más el recibirlas. Cuando los hombres expresan una respuesta que no es verbal, generalmente indican: "estoy de acuerdo contigo". Pero las mujeres toman las respuestas como que quieren decir: "te estoy escuchando". Y puesto que el hombre ofrece menos respuestas de las que espera la mujer, ella puede pensar que no se le está prestando atención.

Para complicar más el problema, muchas personas añaden otros significados a estas claves no verbalizadas. Por ejemplo, para algunos la respuesta, "mmmm" no solamente significa "te estoy oyendo", sino que también añade el "me gusta o me importa lo que estás diciendo". Así que una mujer puede interpretar de manera inexacta la ausencia de respuestas de parte del hombre como una falta de interés. O el hombre puede traducir las muchas respuestas de su esposa como que ella está interesada cuando lo cierto es que no está disfrutando de la conversación para nada.

Sobre todo, las mujeres tienden a hacer más preguntas, y en particular más preguntas personales, al menos más que los hombres. Algunos hombres piensan: *Si es que ella me quiere decir algo, me lo va a decir aun sin preguntarle al respecto.* Pero las mujeres tienden a pensar: *Si no pregunto, va a pensar que no estoy interesada.* Los hombres son más fáciles de interrumpir una conversación cuando se les intercala un comentario, mientras que las mujeres esperan hasta que la otra persona termine para ellas empezar a hablar.

Puesto que el hombre utiliza a menudo el "mmmm" u otras claves no verbales para indicar que está de acuerdo, él normalmente piensa que, cuando su esposa responde de la misma manera, ella está de acuerdo con él. Puede que posteriormente se sienta traicionado cuando descubra que ella no estaba de acuerdo con él para nada. Las respuestas no verbales de ella simplemente estaban comunicando que estaba interesada en lo que se estaba diciendo y que quería que la conversación continuara. Por el otro lado, una mujer se puede sentir ignorada por su marido por su falta de respuesta. Por eso es que a menudo escuchas que los hombres se quejan de que, "las mujeres dicen una cosa y quieren decir algo diferente", mientras que las mujeres dicen, "los hombres no sirven para escuchar".[3]

Obstáculos que impiden escuchar adecuadamente

El oír que proviene del interés, promueve la cercanía, refleja amor, y expresa la gracia. Sí, el oír es un acto de gracia. El escuchar con sensibilidad es una mina abierta que lleva a relaciones más profundas. Pero demasiado a menudo el potencial para oír yace sin ser explorado dentro de nosotros como un yacimiento de oro sin extraer. Tenemos dificultades al emplear las habilidades que tenemos para oír porque uno o más obstáculos bloquean su expresión o su desarrollo. Todos nosotros nos topamos con obstáculos como estos de vez en cuando. Pero las personas cuyas vidas cotidianas están caracterizadas por cualquiera de ellos generalmente no serán unos oyentes de calidad.

Un obstáculo para oír adecuadamente es el estar a la defensiva. Una persona que está a la defensiva realmente no escucha cuando otra habla, sino que utiliza este tiempo para formular refutaciones, excusas, o excepciones a lo que se le está comunicando. El oyente que está a la defensiva mentalmente está argumentando con el que habla en lugar de recibir con interés lo que se le está compartiendo.

Otra forma de oír a la defensiva es la de interrumpir al que habla ofreciendo una conclusión prematura. Jaime había estado en consulta conmigo durante tres sesiones antes de que empezara a utilizar una grabadora en la sesión. Después de media hora grabada de sesión, detuve la grabadora y le dije:

—Jaime, te voy a poner una parte de la cinta. Me gustaría que escucharas y que después compartieras conmigo tus observaciones con respecto a nuestra conversación.

Conforme sonaba la cinta, la expresión de Jaime cambió de interesada a apenada, sorpresa y disgusto. Finalmente dijo:

—Ya puede apagarla, Norman. Me doy cuenta de lo que he estado haciendo. Terminé muchas de sus frases, y algunas veces mi comentario no tenía nada que ver con lo que usted me decía. Se lo hago a todas las personas con quienes hablo.

—Jaime —le pregunté—, ¿en qué estás pensando cuando les hablas a las personas?

—Mentalmente me les adelanto para hacer conclusiones prematuras —contestó—. Pienso que sé qué es lo que van a decir, así que termino sus frases para apurar la conversación.

El interrumpir a una persona con tu conclusión es fácil de hacer cuando piensas que ya has pasado a través de esa conversación en el pasado y sabes a dónde se dirige la persona que habla. Pero a menudo nuestras expectaciones están equivocadas, y nuestras interrupciones defensivas persistentes producen un efecto negativo en las comunicaciones y en las relaciones.

Otros obstáculos al oír son las actitudes influenciadas que tenemos en contra de ciertos individuos o contra ciertos grupos. Un tono de voz o un acento en particular puede que te irrite, así que tiendes a no escuchar a las personas cuando te hablan de esa manera. Puede que tiendas a ignorar a una persona que te recuerda una relación desagradable del pasado. Puede que examines comentarios de enojo o sarcásticos porque te molestan las personas con esas cualidades. Puede que sientas más inclinación por lo que dice un hombre que por lo que dice una mujer, o viceversa. Puede que pongas más atención a lo que dicen tus superiores que a lo que dicen tus subordinados. Puede que estés más interesado en lo que dice un miembro de tu partido político que lo que diga otra persona en el partido de oposición. Los pesimistas generalmente escuchan las malas noticias mientras que los optimistas escuchan con más atención las buenas noticias. El escuchar adecuadamente también puede ser obstaculizado por tu involucramiento sentimental con la persona que habla o con el mensaje y su impacto al nivel de tu energía. Un día otro consejero me dijo: "Norman, he cancelado mis últimas dos consultas del día. He escuchado tanto que siento que todo el espacio de mi cerebro ha sido utilizado. Estoy cansado física y mentalmente, y creo que no sería un buen oyente". El hizo una decisión sabia.

Otro obstáculo para oír adecuadamente es la tendencia de tu mente para vagar. Nosotros los humanos tenemos la capacidad para pensar cinco veces más rápido de lo que hablamos. Así que cuando alguien te está hablando a una velocidad de 100 palabras por minuto, y tú estás procesando la información a una velocidad de 500 palabras por minuto, puede que te encuentres con que tu mente está vagando. Debes de aprender a adaptar el paso de lo que escuchas a la persona que habla o tu mente se irá de paseo por sí sola.

Me gusta pensar que soy un buen oyente, pero sé que mis habilidades pueden mejorar. Tendemos a escuchar lo que queremos escuchar, y mi filtro funciona de la misma manera que el de los demás. La mente es un gran editor, pero algunas veces retiene los errores que escuchas mientras ignoras una información que vale la pena. No te desanimes si es que tu habilidad para oír no es lo que debería ser. Todos tenemos tiempo para mejorar.

Escuchando con tus ojos.

Quiero desafiarte a que trates un experimento para oír. Esta noche, enciende tu televisor y sintoniza uno de los muchos programas de media hora, baja el volumen y ponte a escuchar. ¿Suena como una tarea para sordos? No lo es realmente. Te desafío a que escuches con tus ojos. ¿Qué es lo que los personajes están comunicando con sus expresiones faciales, con su lenguaje corporal, con sus ademanes, y con otras señales que no sean verbales?

En una comunicación de cara a cara, las palabras cubren solamente siete por ciento del mensaje y el mensaje y el tono de voz añaden otro treinta y ocho por ciento. Pero las señales que no son verbales y el lenguaje corporal contienen cincuenta y cinco por ciento del mensaje. Cuando nos referimos a escuchar, muchas personas son "sordos de la vista". A menudo nos sintonizamos con el mensaje hablado, pero ignoramos el mensaje que no se verbaliza y no prestamos atención a las expresiones, la postura y las acciones.

Nuestro hijo, Matthew, es retrasado. No tiene un vocabulario verbal. Así que aprendí a escuchar a Matthew con mis ojos, para leer sus mensajes sencillos que no son verbales. Por causa de mi experiencia con Matthew, también he aprendido a escuchar con mis ojos lo que mis clientes no pueden poner en palabras. Me sintonizo en el lenguaje sin palabras del dolor, de la frustración, del deleite, o el de la esperanza que veo en la cara de un cliente o en su postura, o en su caminar. Conforme le revelo a mis clientes lo que veo, se animan a explicar más lo que están sintiendo o lo que están pensando.

Para poder escuchar los mensajes que no son verbales de aquellos que nos están hablando, necesitamos aprender a ver con cuidado a la persona que habla. Muchas conversaciones hoy día se producen mientras uno o más participantes están escondidos detrás de periódicos, revistas, o mientras miran la pantalla de televisión. Cuando no ves a la persona que te habla, puedes perderte un gran trozo del mensaje. El oír con tus ojos te ayudará a que te vuelvas un oyente completo.

Cuando el mensaje hablado que escuchas está en conflicto con el mensaje no verbal que estás viendo, puede que necesites creer más a tus ojos que a tus oídos. Por ejemplo, si alguien cuyo rostro se pone rojo, sus dientes se aprietan, y está tenso y te dice, "no estoy enojado", ¡es mejor que te apoyes en los datos no verbales! Es más fácil que las personas mientan verbalmente, pero es más difícil el hacerlo de una manera que no es verbal. Esto se debe a que nuestras frases no verbales provienen del lado derecho de nuestro cerebro, e involucra muchísimo trabajo el alterarlo. Al escuchar con nuestros ojos tienes la oportunidad de responder a los verdaderos sentimientos de la persona con quien hablas y a sus intereses en lugar de quedar atrapado en sus palabras.

Los consejeros y los estudiantes del proceso de la comunicación escuchan de una manera visual todo el tiempo. Algunas veces en mis sesiones de consejería cambio mi enfoque de lo que el cliente me está diciendo por lo que su lenguaje corporal me está diciendo. He aprendido a decir frases y a hacer preguntas basándome en los mensajes no verbales que veo. He tenido a personas que me han dicho: "Norm, tu pregunta fue precisa. ¿Cómo sabías que era lo que estaba pensando?" A menudo les respondo: "Porque me lo has estado diciendo todo". Generalmente, después de una pausa, las personas se dan cuenta de que me refiero a su mensaje no verbal como al que me ha estado dando un volumen de información.

¿Sabes cuál es el mensaje no verbal que debes buscar conforme te comunicas con otra persona? Pon una atención especial a sus caras y a su cabeza. Una persona que mueve su cabeza y asiente con la misma generalmente comunica que está de acuerdo o que entiende, o que te está invitando a que continúes. Nos rascamos la cabeza cuando estamos hechos un lío, o nos tocamos la nariz cuando tenemos duda. Las personas que están enojadas o frustradas a menudo se frotan el cuello. Cuando quieres interrumpir, a menudo te tocarás uno de tus oídos.

Si la cabeza de una persona se mantiene en alto y permanece quieta excepto por un asentamiento ocasional, generalmente esa persona es neutral acerca de lo que se dice. Si la cabeza se inclina hacia un lado, el que escucha expresa interés. Si el oyente echa su cabeza hacia adelante o apoya su barba en sus manos, estás comunicando lo que quieres comunicar. Pero cuando la cabeza de una persona se agacha, puede indicar una actitud o un juicio negativo. Y si no puedes hacer que se levante la cabeza de la persona que te está oyendo, ¡tienes un problema de comunicación!

Las cejas pueden ser unas fuertes enviadoras de mensajes no verbales. Las cejas levantadas y que hacen una curva demuestran sorpresa. Cejas levantadas y que se juntan pueden reflejar temor. Cuando las cejas están abajo y se juntan, y aparecen líneas verticales entre ellas, ¡cuidado! puede que te estés enfrentando a una persona enojada. Cuando las orillas internas de las cejas levantan las pestañas superiores, posiblemente existe tristeza.

Las manos también son fuertes comunicadoras para el oyente visual. A menudo frotamos nuestras manos para indicar dolor o ansiedad, puños cerrados pueden ser señal de ira o de tensión. Manos sobre las caderas sugieren impaciencia. Las manos en la espalda pueden significar que la persona no se siente en control de sí misma en esos momentos. Las manos agarradas detrás de la cabeza a menudo indican un sentimiento de superioridad. Algunas personas ponen sus manos en los bolsillos cuando tratan de ocultar el significado de sus palabras. Los brazos cruzados pueden indicar que se está a la defensiva. Las manos extendidas con las palmas hacía arriba pueden significar sinceridad. ¿No es sorprendente cuánto puede decir tu cuerpo sin decir siquiera una palabra?

Conforme te enfocas en volverte un oyente interesado y atento para con los miembros de tu familia, amigos, y compañeros de trabajo, no simplemente te llevarás bien con esas personas, sino que vas a transportar el amor de Jesucristo de una manera muy práctica y muy notable. Queremos ser personas que utilizan sus ojos para ver realmente y sus oídos para realmente oír de la manera en que lo hizo Cristo. Haríamos bien en orar la siguiente oración:

> Dios, realmente no nos escuchamos los unos a los otros .... En lugar de un diálogo verdadero, llevamos a cabo dos monólogos paralelos. Yo hablo. Mi compañero habla. Pero en lo que realmente nos estamos concentrando es en sonar bien, en cómo hacer que nuestros puntos sean fuertes .... Enséñanos a oír como tu Hijo oyó a cada persona que habló con El. Recuérdanos que, de alguna manera .... tu verdad, tu amor, y tu bondad nos están buscando en la verdad, en el amor y en la bondad que está siendo comunicada .... Enséñanos a estar quietos, Señor, para que podamos escuchar.[4]

7

Entendiéndonos mejor para entender a otros

El lugar en donde trabajo es como una olla en donde hay de todo. Tenemos empleados de todos los tamaños, formas y estilos de comunicación. Tengo trabajando a quince personas bajo mi responsabilidad y algunas veces me siento como un guardián del zoológico que debe aprender los hábitos y las características de quince especies diferentes de animales para poder llevarme bien con todos. Puedo hablar con algunas de esas personas y simplemente simpatizamos. Nos entendemos y nos llevamos bien, pero con otros de mis empleados, me trato de comunicar y pensarías que les estoy hablando en otro idioma, no simpatizamos. Nos llevaríamos mejor si no fuéramos tan diferentes.

¿Alguna vez has dicho eso con respecto a las personas con que trabajas, o con las que vas a la iglesia? De seguro que sí, y así lo han hecho muchos otros en cualquier lugar en donde hay diferentes tipos de personas y se tratan de llevar. ¿Es posible el relacionarnos con otros que son diferentes a nosotros? ¡Sí! Tienes dos opciones: primero, puedes comprometerte al proyecto de toda tu vida al tratar de hacer que todos sean más parecidos a ti. Sí. estás en lo cierto estoy bromeando. No hay manera de que puedas hacer que todos sean como tú. Así que realmente tienes solamente una opción, y es la de volverte lo suficientemente flexible para armonizar con las personas que no puedes cambiar.

Algunos piensan que flexibilidad es el arte de cambiar de colores como un camaleón, perdiendo la identidad de uno para mezclarte con la de los demás. Eso es estar a la defensiva y ser un manipulador. Tampoco es saludable, como no lo fue para el camaleón que murió mientras trataba de volverse del color de una tela hecha de retazos de varios colores. Más bien, sugiero que nos volvamos sensitivos a las personas y a las situaciones y que aprendamos a relacionarnos de una manera flexible con aquellos que son diferentes a nosotros. Tal flexibilidad no es defensiva ni manipuladora, sino una respuesta basada en las cualidades vitales de la sinceridad, del amor no posesivo, y la simpatía explicada en el capítulo uno.

El aprender a ser flexibles requiere que te eches un vistazo de cerca a ti mismo y que respondas de manera honesta a varias preguntas: ¿Cómo soy? ¿Cuáles son mis características principales? ¿Si me tuviera que describir a otra persona para que me pudiera entender como pienso, me comporto, respondo y comunico, qué es lo que diría?

Ese es un paso muy importante. El mejorar las relaciones a través de la flexibilidad involucra el entender quién eres.

De la misma manera, necesitas investigar seriamente la forma de ser de aquellos con los que te quieres llevar. ¿En qué se parecen y en qué son diferentes? Cuando empiezas a entender las diferencias en las personas con las que te relacionas, y te permites el ser flexible para adaptarte a esas diferencias, estás en el camino de llevarte bien con ellas. Las personas *quieren* relacionarse con aquellos que los entienden, quienes los complementan de una manera positiva, quienes hablan el mismo lenguaje, y con quienes toman en consideración su manera de ver la vida.

Siendo sensibles para unirse

Si estás casado, sabes que hay ciertas maneras de comunicarte con tu esposa las cuales son satisfactorias para ambos. Durante estos momentos de comunicación agradable, ustedes se *unen*. Hay otras ocasiones cuando sus relaciones no son tan agradables y su comunicación se pone tensa. Sientes que no le estás llegando a tu pareja y *chocan*. Puede que reconozcas el problema en otro tipo de relaciones. Algunas veces te unes a las personas y otras veces chocas contra ellas. El problema de chocar a menudo es debido a pensar de una manera inflexible con respecto a la manera en que la otra persona responde a la vida y se comunica contigo. El chocar quiere decir que no están hablando el mismo idioma. Pero cuando te vuelves sensible a las características únicas de la otra persona y las tomas en cuenta cuando le respondes, entonces te le vas a unir en lugar de chocar. Cuando expresas sensibilidad y flexibilidad, la otra persona se relaja, se siente entendida y aceptada, y es más abierta contigo.

Soy el tipo de persona que se despierta temprano, con los ojos bien abiertos, alerta, y que está ansioso por vivir la mañana. Puedo ponerme a trabajar y a conversar desde temprano. Y cuando me encuentro a personas que son como yo, nos llevamos bien. Pero no todos son pájaros madrugadores. Algunas personas abren un ojo a la vez, con un intervalo entre ello de treinta minutos. Su cerebro está trabajando a media velocidad hasta que se toman un par de tazas de café. A las 9:30 A. M. ya están funcionando correctamente y están listos para enfrentar el día. Si yo, sintiéndome completamente despabilado, me acerco a tal persona a las 7:45 A. M. con una lista de cosas para discutir, vamos a chocar en lugar de unirnos. Mi insensibilidad personificaría a Proverbios 27:14: "Si muy de madrugada das un alegre saludo a tu amigo, él lo tendrá por maldición" (BD). Pero si me le acerco lentamente y con unas pocas palabras y mantengo la atmósfera a un nivel bajo, vamos a unirnos. El se sentirá cómodo y apreciará que su personalidad fue tomada en consideración. Esa es una sensibilidad práctica y flexible. *Puedes* aprender a adaptarte a los horarios y a los niveles de energía de otros para llevarte mejor con ellos.

Algunas veces puedes construir una comunicación saludable con alguien al ser lo suficientemente flexible para adaptar el paso de tu voz a la de la otra persona. Por ejemplo, escuché acerca de un hombre que aprendió desde su negocio a llevar el paso de su conversación al paso de las personas con las que hablaba por teléfono. Si el que llamaba hablaba rápido, él hacía lo mismo. El subió treinta por ciento en su negocio por ser flexible en la velocidad de sus palabras.

Cuando tú elevas tu sensibilidad hacia las demás personas, vas a notar las cosas peculiares de ellas. Vas a poder conectarte en su frecuencia más fácilmente. La importancia de unirse a los demás fue puesta en evidencia en un estudio hecho por un instituto de investigación sin fines de lucro. Los sujetos objetos del estudio fueron veintiún ejecutivos quienes habían sido desviados de su camino hacia la cima en el mundo de los negocios, al ser despedidos o forzados a retirarse prematuramente. Este grupo fue comparado con un grupo de "recién llegados" quienes lograron llegar a la cima. Ambos grupos eran muy parecidos, pero había una diferencia que se podía notar: Los "recién llegados" eran sensibles a las perspectivas de los demás y los que habían fracasado no lo eran.[1]

He descubierto la misma discrepancia en algunas personas de negocios que han venido a mí a sesiones de consejería. Eran inteligentes, alertas, y competentes en sus campos, pero no estaban yendo a ningún lugar y algunos aún se estaban deslizando hacia abajo de la escalera en la corporación porque eran inflexibles con sus compañeros de trabajo. La flexibilidad puede hacer una gran diferencia entre el éxito y el fracaso de las relaciones. Afortunadamente, esta clase de sensibilidad y de flexibilidad ante las diferencias individuales puede ser aprendida.

La familia humana está llena de variedad porque cada miembro es diferente a los demás miembros. Somos diferentes físicamente, como lo somos en nuestro metabolismo, estructura neurológica, y demás. Somos diferentes por causa de nuestro orden familiar. Somos diferentes por causa de las experiencias individuales únicas y los patrones de respuestas que han ido formando nuestras personalidades. Los hombres son diferentes de las mujeres de muchas maneras. Por ejemplo, las mujeres tienen más de mil conectores extras entre los dos lados del cerebro de los que tiene el hombre. Tú posees una mezcla única de éstos y de muchos componentes más, haciéndote diferente a todos los demás.

Es útil saber en qué diferimos para que podamos ser sensibles y flexibles para llevarnos bien los unos con los otros. A través de los siglos han habido muchos métodos para catalogar a las personas de acuerdo a sus diferencias. Exploremos tres de ellas, las que nos ayudarán a aprender y a aplicar con significado la flexibilidad.

Adaptándonos a los diferentes estilos sociales

Un enfoque al tema de las diferencias individuales, el que originalmente se desarrolló para ayudar a las personas a construir buenas relaciones de trabajo (pero el cual tiene aplicaciones en muchas otras áreas de las relaciones), recibió el nombre de *estilos sociales*. Este enfoque cataloga a las personas por su comportamiento externo en lugar de catalogarlas por sus motivaciones internas. Cuatro estilos sociales describen cuatro clases principales de comportamiento: *analítico, amigable, expresivo, y conductor*. Ninguno es mejor o peor que los demás. Cada uno de nosotros tiende a tener un estilo que domina.

La persona *analítica* combina un alto nivel de control emocional con un nivel bajo de aciertos. Estas personas toman un estilo preciso, deliberado y sistemático en su trabajo. Ellos son recogedores de información quiénes evalúan todo antes de actuar. Los analíticos generalmente son industriosos, bien organizados, y objetivos. Piensa en ello: ¿Quiénes son los analíticos en tu vida? ¿cómo te llevas con ellos?

La persona *amigable* tiene un bajo nivel de aciertos y un alto nivel de respuesta hacia las personas. Los amigables simpatizan con las necesidades de los demás y son capaces de presentir lo que yace debajo de la superficie del comportamiento. Los amigables tienden a ser empatéticos y comprensivos en sus relaciones. Tienen un alto nivel de confianza en los demás, Piensa en ello: ¿Quiénes son los amigables que hay en tu vida? ¿Cómo te llevas con ellos?

La persona *expresiva* tiende a ser más fluctuante en su comportamiento. Los expresivos tienen un alto nivel en sus expresiones emocionales y en su certeza. Les gusta ver todo el panorama, correr riesgos para obtener sus sueños, y tomar nuevos caminos para resolver los problemas. Disfrutan la vida, se divierten, y pueden persuadir a los demás. También deciden y actúan rápidamente. Piensa en ello: ¿Quiénes son las personas expresivas en tu vida? ¿Cómo te llevas con ellas?

Los *conductores* tienen un alto grado de certeza y un alto grado de control emocional. Saben lo que quieren y a dónde quieren llegar. Son orientados al trabajo y llegan a sus conclusiones rápidamente. Quieren ver resultados. Los conductores son pragmáticos, decisivos, competitivos, e independientes. Piensa en ello: ¿Quiénes son los conductores en tu vida? ¿Cómo te llevas con ellos?

Tu estilo social dominante no va a cambiar. Pero puedes aprender a ejercitar las fuerzas de tus estilos subdominantes y a desarrollar una flexibilidad para responder positivamente a los estilos sociales dominantes de los demás. Este es el estilo llamado *flexible*. Es la variante de aprender a hablar el idioma de otra persona. El estilo flexible es la actividad de acentuar los comportamientos que tienes en común con otra persona. A propósito añades a tu estilo dominante otros comportamientos que te ayudarán a unirte con las personas de otros estilos sociales. El estilo flexible también significa que substraes algunos de los comportamientos naturales de tu estilo social, los que pueden prevenir a otras personas de relacionarse contigo de una manera positiva. Exploremos cómo es que puedes ser flexible para llevarte con las características únicas de los cuatro estilos sociales.

Los analíticos son personas que usan el lado izquierdo de su cerebro: quieren hechos, son escépticos, y críticos. Puedes ser flexible con los analíticos dándoles tiempo para que evalúen las situaciones. Cuando hables con los analíticos, identifica cuál es el tema en cuestión inmediatamente. Asegúrate de que estás preparado, con los hechos y lógicamente. Les gusta escuchar los pros y los contras de las cuestiones, así que debes estar listo para presentar ambos lados. Conversa con ellos a un paso moderado para que puedan pensar en lo que dices.

Los analíticos no confían cuando se enfatiza una frase, así que evita las exageraciones. Si utilizas palabras tales como "nunca", "siempre", o "todos", puedes esperar el ser desafiado. Dales tiempo a los analíticos para que deliberen, pero si están indecisos, no tomes decisiones por ellos. Anímalos a que tomen una posición en dicha cuestión. Los analíticos responden bien a las decisiones o a las conclusiones que se determinan por escrito.

Puedes ser flexible con el estilo amigable relajándote y comportándote de una manera moderada. El contacto de persona a persona es muy importante para el amigable. Anima a los amigables a que hablen y a que expresen su opinión, pero no los aburras con cosas que no tienen sentido. Les interesan las personas, así que les gusta hablar de ellas. Cuando te hablan, reconoce que les escuchas, pero no ofrezcas mucho consejo. Los amigables no son buenos para soportar demasiada presión, así que necesitan sentir que estás caminando a su lado, y que no los estás empujando. A los amigables a menudo les gustará que les ayudes a colocar metas y que después los convenzas a alcanzarlas. Es importante que disminuyas el riesgo de las decisiones o las aventuras nuevas para los amigables, puesto que el riesgo es algo que se les hace difícil tomar a este estilo de personas. También necesitan el poder confiar en tu seguridad con respecto a ellos.

Una persona expresiva puede ser muy placentera puesto que siempre sabes qué es lo que él o ellas están pensando. Los expresivos gozan de lo social, decir historias y bromas, y hablar de las opiniones, de personas, y de experiencias. Aun puedes hablar de ti mismo con ese tipo de personas. Si trabajas con un expresivo y necesitas hablar de detalles de algún negocio, empieza con una conversación ligera y social. Siempre habla de cosa en general primeramente —sueños, sentimientos en general, el panorama grande— y vete haciendo camino hacia los detalles.

A los expresivos les gusta tomar desviaciones. Puede que necesites traer la conversación de regreso al tema vez tras vez. Cuando llegas a una conclusión o a un acuerdo con los expresivos, asegúrate de resumirlos. Puede que necesites supervisar a los expresivos para asegurarte que se están siguiendo los planes y los detalles se están cubriendo.

Un conductor es una persona de "lo último de la fila". Asegúrate de hacer un buen uso de su tiempo. Sé específico y claro en lo que dices —y haz tus comentarios cortos y que vayan al punto. El hablar sin sentido frustrará al conductor y perderás su atención.

Un conductor tiende a inclinarse por los resultados, así que asegúrate de enfocarte en las metas. Provee opciones para que él o ella puedan tomar decisiones. A los conductores les gusta escuchar todos los detalles con los pros y los contras de cada situación. Cuando hablas con ellos, internamente se están preguntando, "¿para qué sirve esto? ¿qué tiene de práctico? ¿cómo puedo utilizarlo para que me dé resultado?" Asegúrate de que lo que dices responda a estas preguntas.

La mayoría de los amigables y de los expresivos tienden a ser *amplificadores* en sus conversaciones, dando suficiente información y suficientes detalles. Alguien ha dicho de manera bromista: "Cuando le preguntas a un amplificador la hora, ¡puede que te dé la historia del reloj moderno!" Cuando hablas con un amplificador, da suficientes detalles y ejemplos, y espera a cambio lo mismo.

Al contrario, los analíticos y los conductores tienden a ser *condensadores*, limitando sus comentarios a los hechos esenciales. Muchos detalles y ejemplos desesperan a los condensadores. Ellos quieren llegar al punto importante. Si generalmente das una explicación en diez frases, el condensador la querrá en tres o cuatro.

La mayoría de los esposos tienden a ser condensadores mientras que la mayoría de las esposas tienden a ser amplificadores. Las esposas se quejan: "Nunca me da suficiente información, no quiero solamente los encabezados: quiero que me diga toda la historia". Mientras que, los esposos dicen: "Yo quiero sacar un tema y discutirlo en dos minutos. Pero ella quiere hablarlo durante media hora. Así que mejor no saco ningún tema".

Estas quejas se me dicen continuamente en mi consultorio. Y desafío a cada persona que veo en consejería premarital o a los ya casados, a que sean flexibles para ajustarse al estilo de su cónyuge. ¡Y así se resolverá fácilmente el conflicto! Si la esposa que es la amplificadora condensa un poco y el condensador amplía un poco, cada uno estará más a gusto. Empieza con el amplificador diciendo, "quiero discutir esto por siete minutos —en total. Puedes contar conmigo en que voy a condensar mis comentarios y voy a llegar al final". O el condensador puede iniciar la conversación diciendo, "quiero discutir esto por un período más largo de lo normal. Prometo no irme antes. Te daré más detalles y te diré algunas palabras sobre lo que siento. ¿Con cuánto tiempo podemos ponernos de acuerdo?"

El ajustar la flexibilidad de esta manera da resultado. He visto que da resultado y puede dar resultado para ti. Los condensadores pueden aprender a ampliar y los amplificadores pueden aprender a condensar. Los expresivos y los amigables pueden aprender a hablar de los hechos, y los analíticos y los conductores pueden aprender a hablar de los sentimientos. Sólo toma el decidirse a ser flexible —y practicarlo.[2]

Adaptándonos a diferentes percepciones sensoriales

Otra manera en que las personas son diferentes, lo que demanda flexibilidad para lograr llevarse bien, está representada por una pregunta que hago al menos una vez por semana al aconsejar: ¿Está dispuesto tu cónyuge a *verlo* o a *escucharlo*? ¿Por qué hago esta pregunta? Porque cada individuo percibe la vida a través de un sentido dominante: el ver, el oír, o el sentir. A menudo las personas —especialmente los esposos y las esposas— no se pueden comunicar el uno con el otro porque están pidiéndole algo al sentido equivocado. Para llevarse bien con las personas, necesitamos ser flexibles para acomodarnos a las percepciones sensoriales de los demás.

Una persona visual habla sobre cómo se ven las cosas en lugar de cómo suenan o cómo se sienten. Por ejemplo, la mayoría de los hombres están orientados hacia lo visual, primeramente experimentan la vida a través de sus ojos. Cuando un hombre imagina o recuerda, lo hace con figuras mentales. El prefiere conversaciones de cara a cara y reuniones en lugar de conversaciones por teléfono. Prefiere leer una carta a que se la lean. Quiere ver cómo es un artículo nuevo de ropa en lugar de que se le describa.

El ser flexible para relacionarse con las personas visuales en el hogar, trabajo o en la iglesia requiere que te les acerques a través de sus ojos. Pon todas las comunicaciones verbales por escrito: notas, cartas, memos, etcétera. Utiliza diagramas. Sí, aun puedes comunicarte verbalmente, pero asegúrate que respaldas lo que dices con algo que la persona visual pueda ver. Por eso es que las ayudas visuales son tan importantes en la enseñanza. Y por eso es que algunos en el matrimonio no se sienten amados por sus parejas hasta que sus palabras habladas sean valoradas por una nota de amor, una tarjeta, flores, u otra cosa que se perciba visualmente.

Aun si no eres una persona visual, puedes aprender a comunicarte con una persona visual en términos que ellos o ellas entiendan. Puedes utilizar términos como: "¿Qué te *parece* esto? o "ya *veo* lo que quieres decir". ¿Suena como si fuera demasiado? No lo es. Utilizo estos términos todo el tiempo para comunicarme de una manera más clara con las personas visuales. Tú puedes desarrollar tus sentidos subdominantes haciéndote consciente de tus preferencias y siendo flexible para armonizar con los sentidos dominantes de los que te rodean.

Algunas personas están más orientadas a escuchar, se relacionan más a los sonidos que a las vistas. Necesitas decirles más a estas personas de lo que les muestras. A la gente auditora le gusta hablar y le gusta escuchar a los otros. Generalmente les gustan las conversaciones largas, y son adeptos a escuchar tanto lo que se dice como lo que se deja de decir. La manera como les hablas es tan importante como lo que les dices. Como lo dijo un esposo, "Finalmente desperté. Por años le di regalos y le envié notas, pero parecía que esas cosas nunca la impresionaban. Pero desde que empecé a darle un cumplido hablado cada día y a decirle cuánto la amo, ¡ella es otra mujer!"

Otras personas están más orientadas a los sentimientos que al ver o al escuchar. Ellas quieren comunicación y amor. Generalmente son más intuitivas que lógicas o analíticas en sus respuestas. Si fueras un vendedor de automóviles para relacionarte con una persona que se orienta por los sentimientos, no le dirías: "Hey, se ve realmente bien detrás del volante". Ni le tratarías de vender un auto diciéndole: "Note la calidad de las llantas". Más bien le dirías: "¿No se siente cómodo y relajado en el asiento del conductor? Espere hasta que sienta la sensación de conducir este auto en la autopista". Para llevarse bien con las personas orientadas por los sentimientos, necesitas ser flexible para poder relacionarte con ellos por medio de sus sentimientos.

Estas descripciones sólo han arañado la superficie en las áreas de los estilos sociales y las percepciones sensoriales. Déjenme introducirlos a otras fuentes adicionales, las cuales profundizan en estos temas: El libro que explica completamente los estilos sociales es *Social Style/Management Style* (AMACOM), por Robert Bolton y Dorothy G. Bolton. También describo esos temas en mi libro *How to Speak Your Spouse's Language* (Revell), especialmente en los capítulos tres al nueve. Este último pronto será publicado en español.

Adaptándonos a las diferentes personalidades

La relaciones de los estilos sociales con las diferencias discutidas anteriormente están basadas en un comportamiento que se puede medir en los individuos. Pero hay otros enfoques, los cuales no sólo toman en consideración el comportamiento del individuo, sino también la personalidad detrás del comportamiento. Un enfoque tal es el del *Indicador de Tipo de Myers-Briggs*. Myers-Briggs es una herramienta extremadamente útil que identifica las preferencias del estilo de vida de un individuo basándose en la personalidad. Algunas de las características que discutimos se sumarán a aquellas presentadas bajo los estilos sociales. Pero el enfoque de Myers-Briggs es la personalidad en lugar del comportamiento.

Déjenme ilustrarles las preferencias de las personalidades desde el punto de vista físico. Tú naciste con una predisposición para ser derecho o zurdo. Conforme creciste preferiste tu mano dominante para la mayoría de las actividades, pero aprendiste a utilizar las dos manos para que cooperaran. De la misma manera, naciste con ciertas preferencias de personalidades. Conforme has crecido, tu medio ambiente te ha ayudado a dar forma a la manera en que tus preferencias son expresadas. Ninguna de las preferencias está mal, pero cualquier preferencia llevada al extremo puede crear un desbalance en la personalidad. Mientras más practicas tus preferencias, se vuelven más fuertes.

El Indicador de Tipo de Myers-Briggs identifica cuatro pares de alternativas de preferencias. Eres, ya sea un *extrovertido* o un *introvertido*, lo cual describe la manera en que prefieres actuar con el mundo y recibir estímulo y energía. Tú estás, ya sea *sintiendo* o *intuyendo*, lo cual describe la manera en que te gusta recopilar información. Tú estás, *pensando* o *sintiendo*, lo cual describe tu preferencia para hacer decisiones. Y tú estás, ya sea *juzgando* o *percibiendo*, lo cual describe cómo prefieres orientar tu vida para que ésta sea estructurada y organizada o que sea espontánea y adaptable.

¿Por qué es importante el entender estas preferencias de la personalidad? Porque conociendo tu tipo y el tipo de los que te rodean te ayudarás en aceptar de una manera más completa y podrás corresponder mejor a tu esposo(a), a tus hijos, padres, parientes, compañeros de trabajo, empleados, empleadores, y amigos. Esta no es una afirmación radical. A través de los años he visto resultados positivos que han ocurrido cuando las personas se dieron el tiempo para entender quiénes son ellos y quiénes son los demás. Dios nos ha llamado a que nos llevemos bien con las otras personas, y esta es una herramienta que nos ayudará a cumplir el llamado.

Cuando te estás relacionando con alguien cuyas preferencias de su personalidad son diferentes a las tuyas, todo lo que necesitas para llevarte con esa persona es el modificar tu respuesta un poquito. Puedes aprender a utilizar tus características subdominantes cuando son necesarias para que encajes mejor. Y puedes aprender a no acercarte a las personas de tal manera que les provoques a expresar las preferencias de su personalidad de una manera defensiva. ¡Eso es la flexibilidad!

Déjenme introducirles a solamente una de las cuatro preferencias Myers-Briggs a las cuales se les tiene como alternativas: extrovertido/introvertido. Conforme aprendes a cómo ser flexible en esta área, espero que veas cuán fácil puede hacerse de igual manera en las otras tres áreas. El ser un extrovertido o un introvertido no es cuestión de que sea bueno o malo, o de que esté bien o que esté equivocado. Sólo cuando una persona es extremista en practicar sus preferencias es cuando hay un peligro de desbalance que puede ser más dañino que positivo en las relaciones. Aun cuando ocurra un desbalance, se puede corregir con un esfuerzo concentrado.

La energía de un extrovertido tiende a incrementarse conforme él o ella se relacionan con las personas, mientras que la energía del introvertido se disminuye durante una relación prolongada con los demás. Los extrovertidos se estimulan al estar con las personas; los introvertidos necesitan ser estimulados después de estar con las personas. Los extrovertidos hablan primero y piensan después. A los introvertidos les gusta ensayar sus pensamientos antes de decirlos en voz alta, y desearían que los demás lo hicieran también. Vas a escuchar que los introvertidos dicen: "Necesito pensarlo por un tiempo" o "después te digo qué es lo que pienso".

A los extrovertidos no les importa el ser interrumpidos por las llamadas telefónicas. Generalmente pueden hacer varias cosas a la vez. Rápidamente comparten con los extraños y necesitan ser reafirmados por sus amigos y asociados con respecto a quiénes son, qué hacen, y de la manera en que se ven.

Los introvertidos son vergonzosos, reservados, y reflexivos. Tienen pocos amigos cercanos con quienes les gusta compartir sus sentimientos sin interrupciones. Los introvertidos generalmente guardan sus pensamientos para sí mismos, mientras que los extrovertidos coordinan la mayoría de sus pensamientos en voz alta: "Y ahora, ¿en dónde dejé mis anteojos? Veamos, los tenía en el baño..."

Una manera simple para determinar la preferencia de una persona en esta área es escuchando lo que dice. Si habla en voz alta y rápidamente, exagera el tema, repite las cosas, y emplea mucho la comunicación no verbal, estás tratando con un extrovertido. Pero si la persona vacila, piensa antes de hablar, aminora el tema, y habla quedamente, te estás comunicando con un introvertido.

En un lugar de trabajo, los extrovertidos tienden a posponer cosas cuando se refieren a proyectos los cuales requieren silencio, o reflexión. Entienden la necesidad de esto, pero lo ponen a un lado para poder llevar a cabo los trabajos en los que tienen que ver con personas. Mi experiencia al escribir este libro es el ejemplo de un extrovertido tratando de activar a un lado subdominante introvertido. Me gusta el relacionarme con las personas y encuentro difícil el aislarme para escribir. A menudo me detengo para caminar por la casa, tomo llamadas, voy a visitar a mi esposa, voy a la tienda, y aun le hablo al gato y al perro. Estos "mini-descansos" me ayudan a ir a través de mis momentos de tranquilidad para escribir. Los introvertidos tienden a posponer el momento de estar con las personas, como por ejemplo, hacer una presentación ante los compañeros de trabajo o trabajar con un grupo grande de personas. Los introvertidos generalmente están más contentos de poder trabajar durante ocho horas por sí solos sin ser interrumpidos por los demás.

Basado en el breve examen de los extrovertidos y en el de los introvertidos, responde las siguientes preguntas: ¿Cuál es la preferencia que te domina?, ¿cómo quieres que otros se te acerquen?, ¿Cómo te les acercarías a otros con diferente preferencia a la tuya para mostrarles que les entiendes y que estás dispuesto a hacer algunos ajustes para llevarte bien con ellos?

Consideremos algunas maneras cómo puedes corresponder a aquellos cuyas preferencias son diferentes a las tuyas. Cuando te acercas a los extrovertidos, dales la libertad de pensar en voz alta. No asumas que lo que dicen es el producto terminado. Simplemente están pensando en voz alta. Anímalos a que piensen en voz alta contigo para que les ayudes a aclarar sus ideas. Date cuenta de que los extrovertidos tiene que relacionarse con otras personas. Trata de no limitarlos en sus relaciones.

No critiques a los extrovertidos por tratar de hacer varias cosas a la vez, ya que generalmente pueden hacerlo; invítalos a que te digan cómo. Debes estar consciente de que caen en la tendencia de exagerar sus ideas. Pídeles cosas específicas y dales opciones de dónde puedan escoger. Los extrovertidos que están en conflictos puede que quieran hablar de sus problemas. Cuando no pueden hacer esto, puede que se frustren. Si no puedes hablar con un extrovertido cuando quiere hablar, asegúrate de decirle en qué momento vas a estar disponible para discutir y resolver el problema.

En una relación de matrimonio, un extrovertido a menudo demanda la atención de su cónyuge y su conformidad. Algunas veces esto implica el hacer compañía sin que haya mucha conversación, pero generalmente un extrovertido necesita mucha acción verbal y de mucho respaldo.

¿Cómo respondes a los introvertidos? Estos individuos saben que son amados y aceptados cuando se les da el tiempo y espacio para estar tranquilos. Anímalos a que se den tiempo para reflexionar, para pensar, para ordenar las ideas, o simplemente para estar a solas. Si eres un extrovertido y tu cónyuge es una introvertida, tu inclinación será la de invadir su espacio. En lugar de eso, ejercita un esfuerzo concentrado para permitir a la persona amada el espacio que necesita. A cambio, tu pareja puede ser flexible en su preferencia por la tranquilidad y te invitará a que ocupes más de su espacio.

¿Recuerdas cuando estabas en la escuela y parte de tu calificación estaba basada por tu participación en la clase? Eso era como música a los oídos de los extrovertidos, pero eran malas noticias para los introvertidos. Cuando el profesor hacía preguntas en la clase, los introvertidos estaban en desventaja porque siempre los extrovertidos respondían inmediatamente, aun cuando no tenían el derecho de responder. Los introvertidos de más edad también piensan mucho y son lentos para corresponder con las personas. Así que cuando vayas a discutir algo con un introvertido, te ayudará hacer sugerencia de antemano, por ejemplo: "Aquí está un tema sobre el cual me gustaría que pensaras y que lo consideraras antes de que lo discutamos". También ayuda cuando pones tus ideas por escrito y le permites al introvertido que lo piense antes de responder. Cuando hay un conflicto interpersonal, los introvertidos necesitan tiempo para reflexionar y preparar su respuesta. Si te pones exigente y dices: "Vamos, deja de pensar, ¿en qué estás pensando? Quiero tu respuesta ahora mismo" —olvídalo. Los introvertidos no responden bien a esa clase de presión. Es mejor hacerle saber anticipadamente a un introvertido que se espera una reacción de él, y ayudarle después en el proceso. Di algo como esto: "Parece que siempre tienes sugerencias bien pensadas. Quizás podías reflexionar en esta cuestión y darme tus ideas más tarde".

Los introvertidos necesitan ser apoyados en sus preferencias, porque a menudo pueden preguntarse: "¿Qué pasa conmigo? ¿Por qué no puedo pensar como los demás?" Asegúrales que no pasa nada. Todos fuimos creados con preferencias únicas y el mundo necesita tanto a los extrovertidos como a los introvertidos. Conforme aprendemos a ser flexibles con los que son diferentes a nosotros, vamos a comunicarles un fuerte mensaje de afirmación y aceptación.[3]

Una fuente excelente del Tipo de Indicadores de Myers-Briggs es *Type Talk* (Delacorte Press), por Otto Kroeger y Janet M. Thuesen. He leído ese libro cuatro veces, y cada vez que lo leo gano un mejor entendimiento de mí mismo y de los demás. Recomiendo que leas ese libro, tú mismo, y que descubras maneras adicionales para llevarte bien con aquellos que tienen diferentes preferencias de personalidad a las tuyas.*

Si el estar aprendiendo a ser flexible con los demás te parece sencillo, tienes razón, ¡lo es! ¿Pero estás poniendo estos principios en práctica? Esa es la clave. Aprendamos de las diferencias mutuas y traigamos un balance a nuestras vidas. Tu vida familiar, tus relaciones en el trabajo, y tus amistades pueden tener un nuevo nivel de entendimiento y de aceptación conforme aprendes a unirte a los demás.

* (Nota: Para información de cómo ordenar las fuentes mencionadas en este capítulo, escriban a *Christian Marriage Enrichment*, 1913 E. 17th Street, Suite 18, Santa Ana, CA 92701)

8

Un antídoto contra la contaminación de las críticas personales

De repente la luces rojas empezaron a encenderse y a apagarse y las sirenas empezaron a sonar su alarma. ¡Contaminación! Aunque muchos elementos de seguridad habían sido diseñados, probados, e instalados, una sustancia tóxica se había esparcido en la atmósfera de la planta. Los empleados se miraban los unos a los otros con expresiones de preocupación y después se escurrieron rápidamente en sus estaciones de seguridad. Desafortunadamente, las fugas de contaminación era algo que ocurría muy comúnmente. Ellos sabían cómo salir de la emergencia; pero eso no hacía la experiencia de sobrevivir al contacto con toxinas peligrosas menos dolorosa.

El equipo de seguridad rápidamente entró en acción para buscar la fuga y de dónde provenía. Muy pronto enfocaron su búsqueda en un piso del edificio. Siguieron las señales de la contaminación hasta una oficina, abrieron la puerta y entraron en ella. Un hombre desde su escritorio vio al equipo, les sonrió, y les preguntó:

—¿Puedo hacer algo por ustedes?

—Hemos estado buscando la fuente de contaminación que ha estado envenenando nuestra compañía —respondió el jefe de la brigada—. Creo que la encontramos. Hemos seguido todas las pistas hasta llegar a usted. El veneno es el criticismo. Su actitud crítica ha contaminado a sus empleados. Los ha desanimado, ha hecho que no alcancen su potencial, y ha deteriorado su moral. Los efectos de la toxina que usted ha esparcido han sido incrementados por muchos que no han sabido cómo reaccionar a su criticismo. Pero ese ya no será el caso.

»Las víctimas de su criticismo están aprendiendo a luchar contra el veneno para que no les haga daño —siguió hablando—. Puede continuar contaminando a sus compañeros de trabajo con su criticismo, pero ellos seguirán trabajando con usted y se preocuparán por usted como persona. Están desarrollando una inmunidad a la toxina que usted esparce, cambiando de reacción ante su criticismo. Puede seguir criticando, pero sus compañeros han encontrado un antídoto el cual neutraliza la toxina. El poder de su actitud crítica sobre ellos, finalmente ha sido vencido.

¿Qué es un cuento? Quizás la historia lo sea, pero el problema no lo es. Muchas de las personas a nuestro alrededor nos alimentan con sus comentarios positivos y que nos levantan. Con esas personas es fácil el llevarse. Pero otros contaminan nuestras relaciones con el veneno del criticismo que esparcen a través de sus palabras, las que nos lastiman profundamente.

Estos críticos hostiles vienen en todas formas, tamaños y variedades. Trabajamos con ellos, vamos a la iglesia con ellos, y aun vivimos con ellos. Puede que pienses que llevarte bien con las personas que son criticonas sólo es posible si puedes erradicar sus actitudes críticas. ¡Si eso es lo que estás haciendo probablemente te morirás en el intento! No puedes cambiar a todas las personas. La mejor manera de llevarse con las personas que critican es aplicando un antídoto. Aprende cómo puedes desarmar el criticismo para que no te siga envenenando.

Críticas en acción

Déjame presentarte a varias clases de personas que expresan diferentes formas de criticismo destructivo. Primero, están los *acusadores*. Evitan el tomar responsabilidad por sus acciones criticando a otras personas o echando la culpa sobre experiencias pasadas, las que no se pueden cambiar o deshacer. Siempre están buscando a alguien que es la "causa" de sus problemas, de su mala fortuna, o de su mal comportamiento. Normalmente dicen: "Esto no hubiera sucedido si no hubiera sido por ti. Eres la causa de mis problemas". Te van a criticar por lo que hiciste mal y por lo que podrías haber hecho mejor. La palabra "debería" es una cosa importante en su vocabulario: "Deberías de haberlo sabido". "Lo deberías de hacer a mi manera". "No deberías de haber dicho eso".

Otro crítico negativo es el *bromista hiriente*. El humor es un método positivo para relacionarte con los demás. Me gusta reírme y hacer bromas. Si algo es divertido, aun en un contexto serio, tengo problemas para contener mi risa. Pero los bromistas pesados hacen que otros sean el centro de sus bromas. Se especializan en reírse *de* la gente en lugar de reírse *con* ellos. Veo esto a menudo en algunos de los esposos o en algunas de las esposas quienes sutilmente critican las características de su pareja, o sus habilidades, o debilidades y hacen bromas en público: "Mi esposa hace hamburguesas para cenar tan a menudo que estoy pensando construir unos arcos dorados en el jardín de la casa". O la esposa dice en la clase dominical de parejas: "Gerardo canta tan mal en la iglesia que me estoy sintiendo tentada a ofrecerme como voluntaria desde las 11:00 A. M. para no tener que escucharle".

Cuando confrontas al bromista por su humor tan hiriente, la respuesta a menudo va a ser: "Tranquilo. Sólo estaba bromeando. ¿No puedes aguantar una broma?" Esta respuesta me recuerda a Proverbios 26:18-19: "Como el que enloquece, y echa llamas y saetas y muerte, tal es el hombre que engaña a su amigo, y dice: Ciertamente lo hice por broma". Sabes que su humor es sólo un camuflaje para poder criticar.

Una tercera clase de crítico es el *encontrador de faltas*. Esta persona parece tener una necesidad insaciable de señalar los defectos de los demás. El es un perfeccionista, como aquellos descritos e ilustrados en el libro, *Living With A Perfectionist* (Thomas Nelson), escrito por mi amigo Dave Stoop. Pero los encontradores de falta sólo están interesados en revelar las faltas de otros.

El encontrador de faltas estudia a los demás con un ojo de crítica, especialmente lo más obscuro, los detalles más triviales de lo que dicen, lo que recuerdan, lo que están haciendo, y lo que hicieron en el pasado. Cuando descubre aun el menor error o desviación de las normas, él es rápido para exponerlo y corregirlo. Muestra los defectos que encuentra en las personas como si fueran trofeos. ¿Y saben qué es lo que molesta tanto de estas personas? Que generalmente lo hace con una sonrisa, y dice: "Sólo estoy tratando de ayudar". Si te parece que nunca se puede complacer a una persona así, estás en lo correcto —no vas a poder. Cuando piensas que lo has logrado, el encontrador de fallas viene para exponer tus debilidades y para destrozarte.[1]

Otra clase de crítico que abunda en el mundo hoy en día es el *caníbal*. Estas personas no critican de una manera bromista ni se conforman con molestar. Ellos atacan la yugular. Devoran a los miembros de la familia y a los compañeros de trabajo como desayuno, comida y cena, ¡y también como refrigerios entre comidas! Atacan a través de las formas más severas de criticismo y humillaciones, sin ningún respeto por los sentimientos de los demás.

Ustedes han escuchado sus amargos comentarios: "Tienes que estar jugando. Nadie cree en eso en estos tiempos". "Una persona madura no se enoja por cosas así". "¡Qué idiota eres! Cometiste siete errores en tu examen de ortografía. ¿Cómo puede ser alguien tan estúpido?" "Otro desastre para la cena. Desearía que tu madre te hubiera enseñado a cocinar antes de que me casara contigo". "Vuelves a llegar tarde al trabajo. Al menos en eso eres consistente". Los caníbales son la personificación de Proverbios 12:18: "Hay hombres cuyas palabras son como golpe de espada".

Los cuatro tipos de criticismo que hemos estado viendo comparten las mismas características básicas: destrucción. Los críticos destructivos pueden decir que sólo están interesados en ayudarte para que seas una persona mejor al recibir un poco de crítica constructiva. Pero en realidad, los críticos descritos anteriormente no son expertos en construcción, sino en demoliciones. Ellos están listos para ponerte abajo, destrozarte, castigarte, y manipularte. Su clase de criticismo no alimenta: envenena.

El criticismo destructivo generalmente involucra lo siguiente:

Acusación. Los críticos negativos emplean todos los términos acusatorios tales como "siempre", "debería", y "nunca". Te dicen: "Lo deberías de haber hecho mejor", "Siempre eres tan torpe", o "Nunca me pones atención". Estos realmente son incentivos para cambiar, ¿no es cierto?

Culpa. Un ataque típicamente crítico está diseñado para que la víctima se sienta culpable. Por ejemplo:" Estoy tan desilusionado contigo. Contaba contigo y me fallaste". "No te debo interesar tanto o no hubieras olvidado mi cumpleaños". Los padres a menudo utilizan esta herramienta destructiva con sus hijos y entre ellos mismos.

Intimidación. Los críticos utilizan tácticas de intimidación como expresiones de impaciencia y arranques de ira para comunicar su desacuerdo. Por ejemplo, un hombre se pasea haciendo ruidos y molestando mientras su esposa se arregla para salir juntos esa noche. Un jefe grita con enojo a través de la oficina "¡La próxima persona que se tome dos horas para almorzar la voy a despedir!"

Resentimiento. Esta forma de criticismo destructivo a menudo es utilizada por la persona que ha convertido su memoria en un basurero de municiones. Los individuos que son rencorosos cavan en el pasado para utilizar tus ofensas, tus palabras que lastimaron, y los errores que cometiste en contra tuya. Te dicen cosas como: "Has estado haciendo esto por meses". "Recuerdo ese comentario tan feo que hiciste hace siete años". "Te pareces a tu padre. Me trataba de la misma manera". Cuando no tienes una memoria tan buena como la de estas personas te encuentras en desventaja.

El defenderte es una defensa pobre

Cuando eres el blanco del criticismo destructivo de otra persona, la respuesta natural es el ponerte a la defensiva. Pero en realidad, la manera menos efectiva de responder al criticismo es defendiéndote, el poner excusas, o el contra atacar. Cuando estás a la defensiva, te colocas a la merced de las evaluaciones y de los juicios de la otra persona. Les permites a otros que dicten quien eres, cómo te vas a sentir, y qué es lo que vas a hacer. Vas a reaccionar ante las personas en lugar de responderles. Les vas a dar poder sobre ti a los que te critican y vas a salir de la situación como un perdedor.

El estar a la defensiva es una barrera que te alejará de poder llevarte bien con los demás. Pero hay unos tremendos beneficios personales que pueden disfrutar las personas que no están a la defensiva. Los estudios muestran que las personas casadas desarrollan una intimidad mayor emocionalmente hablando y se unen más cuando no hay razones para estar a la defensiva entre ellos. Hay beneficios similares en todas las relaciones en donde el estar a la defensiva es reemplazado por la apertura.

Sé que es difícil el no protegerte o el no contra atacar al criticismo de los demás, pero es posible responder de una manera que no sea la autodefensa. ¿Cómo? Recuérdate que eres responsable ante Dios y ante ti mismo, y no a las personas que te critican. Al ser responsable ante Dios, lo buscas a El para que te dirija y te dé su aprobación. Al ser responsable ante ti mismo, tomas posesión de tus sentimientos, actitudes, y comportamiento. Si tú estás bien con Dios y eres lo que El quiere que seas, no necesitas temer al criticismo ni necesitas tratar de justificar tu posición. Tienes el poder de hacer tus propias elecciones y el de crecer ante la experiencia del criticismo.

Como persona que no está a la defensiva, te respetas y te sientes bien contigo mismo. Crees en tu valor y en tus capacidades. Posees tu propia identidad y sentimiento de seguridad. Al no estar a la defensiva, puedes escuchar a otros de manera más objetiva y evaluar mejor lo que están diciendo, aun cuando se expresen de una manera negativa. Puedes aceptar a una persona crítica por ser quien es, aun si no vas de acuerdo con ella. Puedes aceptar su derecho para ver el mundo de la manera en que lo ve, ya sea que coincida o no con tu punto de vista. Puedes relacionarte con él sin hacer comentarios disparatados o juicios negativos acerca de él.[2]

Respondiendo sin defenderse ante una persona que critica

Consideremos qué es lo que puedes hacer cuando las armas del criticismo abren fuego contra ti. Los pasos siguientes son sencillos en teoría, pero tomarán un esfuerzo de tu parte para ponerlos en marcha. Si arraigas estos pasos en tu mente leyéndolos cada día en voz alta y durante todo un mes, te vas a sorprender de los cambios que van a ocurrir en tu respuesta hacia las personas críticas.

Escucha a los que te critican. Me doy cuenta de que estoy empezando a sonar como un disco rayado. Pero, como lo expliqué en el capítulo seis, el oír es un elemento indispensable para llevarse bien con toda las clase de personas. No calles a tus críticos. Sintonízalos empleando las características de un oyente interesado.

Date cuenta de que no todo el criticismo es malo. Considera lo que la Palabra de Dios tiene que decir acerca del criticismo: "Insignia valiosa es aceptar la crítica válida" (Proverbios. 25:12 BD). ¡Qué vergüenza, qué estupidez, es decidir antes de conocer los hechos! (Proverbios 18:13 BD). "No rechaces la crítica; acepta todo el auxilio que puedas" (Proverbios 23:12, BD). "El hombre que se niega a reconocer sus errores jamás podrá triunfar; pero si los confiesas y los corrige, tendrá una nueva oportunidad" (Proverbios 28:13). No asumas automáticamente que todo el criticismo negativo es inválido.

Evalúa el criticismo para ver su validez. Me doy cuenta de que este paso es más fácil de decir que de seguir. El buscar algo de valor en el criticismo destructivo de alguien que lo está culpando a uno, de un bromista hiriente, de un encontrador de faltas, o en el de un caníbal, es como el buscar una aguja en un pajar. Pero debes de hacerte la pregunta: "¿Qué puedo aprender de esta experiencia? ¿Hay tan siquiera un grano de verdad en lo que estoy escuchando y a lo cual necesito responder?" Haciéndote preguntas de este tipo te cambiarás de la posición del defensor de una relación a la de un investigador. El ataque de la crítica puede que sea horriblemente exagerado, irrazonable, e injusto. Desecha los comentarios negativos. Dale permiso al crítico para que exagere. Eventualmente los comentarios exagerados se alejarán y sólo permanecerá la verdad. Sigue buscando ese grano de verdad en lo que se dijo. Trata de identificar la causa real para ese ataque crítico.

Aclara la fuente del problema. Trata de determinar de una manera precisa qué es lo que el crítico piensa que has hecho, o qué no has hecho, y qué es lo que le está molestando. Es importante que entiendas el criticismo desde el punto de vista de esa persona. Haz preguntas específicas tales como: "¿Puedes elaborar más el punto principal?" o "¿Puedes darme un ejemplo específico?" Supongamos que alguien te dice: "¡Eres la persona más desconsiderada del mundo!" Esa es una alusión muy general. Desafía a la persona a que identifique maneras específicas en las que has sido desconsiderado. Pide ejemplos en lo que respecta a tu relación con esa persona. Sigue excavando hasta que salga la raíz del problema.

Utiliza la técnica de comprobar lo que escuchas para verificar lo que el crítico te está diciendo. Las frases que comiencen con

"Pienso qué estás diciendo ...." o "Estás sugiriendo que ....", te van a ayudar a aclarar el punto de contención y hacer que eso se mueva hacia una solución.

Piensa en las acusaciones. Habrá ocasiones cuando el proceso de investigación de las acusaciones y del criticismo te llene de ira, confusión, o frustración. En la prisa de estas emociones, tu mente puede que quiera hacer un truco para desaparecer —¡puede que se quede en blanco! Necesitas tiempo para pensar antes de responder. ¿Cómo puedes hacer esto? Primeramente necesito prevenirte cómo es que no debes de hacerlo. No preguntes: "¿Puedo tener un momento para pensar al respecto?" No necesitas pedirle permiso a nadie para pensar. Tampoco digas, ¿estás seguro de que estás viendo esta situación de la manera correcta?" Esta pregunta le da la oportunidad a la persona que te está criticando para hacer otro comentario sobre el caso. Estás dándole poder al crítico, quien necesariamente no tiene por qué tenerlo.

Es mejor decir: "Me voy a tomar unos minutos para pensarlo", o "Es una perspectiva interesante la que has dado". Después pregúntate a ti mismo, ¿cuál es la cosa principal que mi crítico quiere decir? ¿Qué es lo que él o ella quieren que suceda como resultado de esta discusión? Algunas veces vale la pena aclarar el punto con la persona que critica, diciendo: "¿Qué te gustaría que fuera diferente en mí como resultado de esta discusión? Realmente me interesa saberlo".

Responde positivamente y con confianza. Una vez que la cuestión central ha sido expuesta, con confianza explica tus acciones en lugar de estar a la defensiva ante su ataque. Creo que las personas que critican a otras esperan que las segundas se pongan a la defensiva, aun cuando algunas veces ellos digan: "Desearía que no se pusieran a la defensiva cuando hago una sugerencia (¡sus palabras para una demanda basada en la crítica!)". Las personas que critican dicen que no quieren que sus parejas, amigos, y compañeros de trabajo estén a la defensiva, pero se enfurecen cuando alguien se pone en contra de su criticismo.

Un hombre me decía que deseaba que sus hijos no estuvieran siempre a la defensiva.

—¿Cómo respondería usted si los criticara y no se pusieran ellos a la defensiva? —le pregunté.

Me miró, y se rió un poco.

—Creo que me desmayaría —me dijo.

Me le uní a la risa, y después le dije:

—¿Quiere decir que espera que se pongan a la defensiva, pero desearía que no lo hicieran?

—Sí —respondió después de pensarlo por unos momentos—. Supongo que suena un poco raro. La misma cosa que no quiero que hagan es lo que espero que hagan. Me pregunto si mi actitud hacia ellos es lo que los está haciendo que se pongan a la defensiva.

La sonrisa afirmativa de mi cara respondió sus preguntas internas mejor que cualquier otra cosa que pudiera haber dicho. Después compartimos nuevas maneras por medio de las cuales él podría compartir sus quejas o sus criticimos con sus hijos sin provocar en ellos una reacción defensiva.

Escuchemos sobre el intento de un esposo para responder al criticismo de su esposa de una manera positiva y con confianza en lugar de estar a la defensiva. Sandra está molesta porque Jaime no es tan social como ella. El insiste en no coincidir con ella cuando trata de involucrarlo con otras personas. Sandra tiene un interés legítimo, pero Jaime también tiene una razón legítima para no querer involucrarse, la cual nunca la ha compartido con ella. Note el proceso de comunicación:

Sandra (muy enojada): Realmente estoy fastidiada. Te he pedido una y otra vez que nos juntemos con otras personas y continúas resistiéndote. Estoy empezando a creer que no te gustan las personas. Eres como un ermitaño. Simplemente te sientas y te pones a leer.

Jaime (de manera natural): ¿Soy realmente tan malo? ¿Un ermitaño?

Sandra (con una sonrisa ligera): Eres peor que eso.

Te estaba dando el beneficio de la duda.

Jaime: Bueno, ¿puedes ser más específica?

Sandra: Tú sabes cuando estás siendo antisocial. Sucede en la iglesia y sucede cuando estás con mis familiares.

Jaime: No estoy tan seguro de eso. ¿Puedes darme un ejemplo?

Sandra: Te puedo dar varios. La semana pasada cuando salimos a cenar, sugerí que invitáramos a Juan y a Teresa para que fueran con nosotros. Te enojaste por que no era lo que se había planeado antes. Tú tienes la costumbre de planear las actividades sociales con semanas de anticipación. Desearía que pudieras ser más flexible.

Jaime: ¿Estás diciendo que te gustaría que fuera más flexible? ¿Quieres que afloje un poco y que esté dispuesto a hacer cosas sin haberlas planeado?

Sandra: Estoy segura de que eso ayudaría bastante, me gustaría que dejaras de ser tan rígido. Ambos seríamos más felices.

Jaime: Y pensaste que fui antisocial la noche anterior porque no quise invitar a Juan y a Teresa en ese mismo momento.

Sandra: Sí, pero ese es sólo un ejemplo, sucede demasiadas veces.

Jaime: Bueno, creo que eso es algo en lo que puedo trabajar. También disfrutaría más de la vida social, pero necesito más tiempo para ajustarme a estar con otras personas.

Sandra: Nunca me habías dicho eso antes. No me había dado cuenta de que nuestras actividades sociales fueran tan difíciles para ti.

Aun cuando Sandra, en su frustración, llevaba el diálogo con ataque, y con frases acusatorias, Jaime no se dejó llevar. Y ese es el punto. Puedes responder al criticismo de una manera saludable, y positiva a pesar de cualquiera que sea el estilo de la otra persona. Jaime respondió de tal manera que

Sandra sintió que la estaba escuchando. Y Sandra ganó un entendimiento más profundo de sus diferencias personales.

Coincide con el criticismo. No importa qué tan hostil o destructivo pueda ser el criticismo, ve de acuerdo con él hasta cierto punto. Al hacer esto le comunicarás a la persona que te critica que está siendo escuchada y que no te estás defendiendo. Puedes decir: "Sabes, puede que haya algo de verdad en lo que dices". No has admitido nada, pero estás dejando la puerta abierta a las posibilidades. Tu respuesta va a desarmar a tu atacante y ya no tendrás más un oponente verdadero.

Ofreciendo un consejo constructivo.

Cuando tienes la oportunidad de ofrecer un consejo constructivo (¡hay un término nuevo para el criticismo!), recuerda el no hacerlo de una manera negativa, destructiva o que condene. Considera los consejos de la Palabra de Dios. Jesús dijo: "No juzguéis, para que no seáis juzgados. Porque con el juicio con que juzgáis, seréis juzgados, y con la medida que medís, os será medido" (Mateo 7:1-2). Pablo escribió: "Así que, ya no juzguemos más los unos a los otros, sino más bien decidid no poner tropiezo u ocasión de caer al hermano" (Romanos 14:13). Nuestro criticismo debe ser de la clase que alimenta a las personas, y no de la clase que envenena o contamina.

Hay muchas ocasiones cuando debemos ofrecer un criticismo que esté diseñado para edificar y para guiar. A continuación cinco clases de criticismo a considerar:

Primero: Necesitamos guiar de forma constructiva a las personas por las que somos responsables en el trabajo. Si no corriges el trabajo que está mal hecho, tú vas a terminar siendo el responsable del problema. Cuando afirmas y halagas a las personas consistentemente por su buen trabajo, vas a encontrar que es más fácil corregirlos cuando su trabajo sea pobre o deficiente.

Segundo: Si eres padre o madre, eres responsable de guiar, enseñar, corregir, y disciplinar a tus hijos.

Tercero: Puede que necesites construir un consejo constructivo para proteger tus derechos y los de otros. Puede que necesites enfrentarte a alguien que amas, por su mal comportamiento como puede ser el utilizar drogas, o tomar alcohol, glotonería, o por conducir sin cuidado. He hablado con muchos matrimonios y algunos estaban aterrados por la manera de conducir de su pareja. De hecho, yo les he pedido a algunos conductores de taxis que disminuyan la velocidad porque me parecía que estaban conduciendo de una manera insegura.

Cuarto: Un consejo constructivo a menudo se necesita en una relación íntima como el matrimonio. Los matrimonios en los cuales los miembros de éste nunca desean un cambio de alguno de los dos lados sólo existe en las películas. El aprender a vivir juntos como esposo y esposa requiere la aplicación mutua a largo plazo de un criticismo amoroso.

Quinto: Hay situaciones de emergencia cuando se necesita el criticismo. A menudo en estos momentos de crisis, el consejo se grita como una orden. Es el momento en que se necesita una acción inmediata, y no es el momento para discutir.[3]

Mientras te preparas para compartir una queja o un criticismo con otra persona, es vital que hayas reunido toda la información exacta sobre el asunto. Hazte tres preguntas: ¿Estoy consciente de todos los hechos? ¿Estoy viendo la cuestión de la manera correcta? ¿Estoy contribuyendo de alguna manera a que el problema continúe o para que siga vivo? También, tienes que asegurarte de que en tu vida no existe una condición parecida o peor (ver Mateo 7:3-5). Entonces ofrece tu consejo constructivo utilizando los siguientes pasos:

Sé breve. Sé tan conciso como puedas en tus comentarios, y asegúrate de que te apegas a lo esencial. Trata de limitar lo que tienes que decir a dos frases. El criticismo es más fácil de recibir si lo das en forma de pregunta y con una sonrisa en tu cara: "¿Has tenido la oportunidad de obtener la información que te pedí el martes pasado?" Cuando la persona responda que tiene la intención de terminar el trabajo para el día siguiente, añade: "¡Tremendo! Lo recogeré mañana. Puedes dejarlo en mi oficina".

Sé específico. No utilices comentarios vagos o generales. Puede que la otra persona no pueda descifrar tus insinuaciones y no va a entender tu mensaje. Por ejemplo, un padre entra en la habitación de su hijo, con las manos en las caderas, menea la cabeza en señal de disgusto, y dice: "No puedo creer como está este lugar. ¿En dónde estás escondiendo los cerdos? ¿No puedes ser más ordenado?" A esta clase de criticismo le hace falta un consejo claro y constructivo.

Pon tu criticismo en un lenguaje claro y positivo. El padre podría decir: "Jaime, realmente me gustaría que recogieras toda tu ropa sucia, la pusieras en el cesto, y que colgaras tus pijamas". Tal directriz tan clara y tan específica, le da al niño una mayor posibilidad para responder correctamente.

Evita el culpar y el clasificar a las personas. En California algunos legisladores han tratado de instituir un plan de seguro sin faltas. La meta es el cambiar el enfoque de: "¿A quién hay que culpar por este accidente?" a "¿Qué podemos hacer para resolver este problema?" En el criticismo, las frases para culpar a otros afectan la susceptibilidad de las personas y las desaniman. Necesitamos acercarnos a los problemas sin la actitud de estar buscando faltas, alejándonos de culpar a alguien para concentrarnos mejor en consejos constructivos para resolver el problema.

Cuando te quejas de alguna persona o la tratas de corregir, puedes sucumbir a la tendencia de clasificar a las personas en relación con su ofensa. Dices que alguien es irresponsable, que no es confiable, que no tiene cuidado, o desordenado. Pero el simple hecho de que a tu pareja se le olvide regar las plantas de la casa no quiere decir que tu esposo o tu esposa merezca que se le defina como irresponsable. Describir de esta manera es injusto, a menudo las generalizaciones lastiman.

También, los términos absolutos tales como *nunca, siempre, todos los días, y cada vez,* generalmente no son exactos y deberían de evitarse en el criticismo. Puede que un empleado llegue tarde tres o cuatro veces a la semana, pero no es que *siempre* llegue tarde. El presentarlo de esta manera nos aleja de la solución e invita a un problema.

Añadido a esos pasos, el doctor Harold Bloomfield nos da unas excelentes sugerencias que deberíamos seguir cuando estamos en la posición de dar un consejo constructivo:

Haz que tu respuesta sea cálida y que dé apoyo. Comparte frases como: "Me gustó lo que tenías que decir para responder a mi crítica. Podemos hablar sobre unas sugerencias adicionales esta tarde, ¿qué te parece?" O considera el decir: "Me doy cuenta de que la situación no fue muy buena para ti. Pero estoy interesado en lo que podemos hacer para resolverlo juntos".

Sé paciente. Reconoce ante ti mismo y ante la otra persona que va a tomar tiempo para llevar a cabo los cambios como respuesta a la crítica. Comparto con mis pacientes que el patrón de progreso generalmente es el de dar dos pasos hacia adelante y uno para atrás. Les pido a mis pacientes que digan en voz alta que los cambios son difíciles, pero posibles. Si salen de mi consultorio con la dificultad del cambio en sus mentes, *van* a tener dificultades. Pero si salen enfocándose en las posibilidades del cambio en medio de las dificultades, van a tener una esperanza de cambiar.

Sé abierto a los sentimientos. Reconoce cómo se debe sentir la persona que está siendo criticada y dile algo como: "Entiendo cuán molesto te debes sentir en estos momentos". Invita a la persona a que comparta sus perspectivas sobre el problema y escucha cuidadosamente lo que dice. Puedes preguntar: "¿Qué crees que sería bueno para resolver el problema?" o "¿Qué crees que podamos hacer con tus tareas de la escuela en este momento del semestre?"

Cuida la estima propia. Algunas personas son demasiado sensibles al criticismo por causa de las experiencias de su vida. Así que evita el decir cualquier cosa que se refleje negativamente en la otra persona o en su estima propia. Hazle saber a la persona que se está criticando que se le valora y que se interesa uno por ella, y se aprecia el potencial que hay en ella. Asegúrale a la persona que el problema y la confrontación no van a afectar su relación. Puede que sea útil el decir: "Ahora que hemos discutido esta situación, se ha acabado. No lo volveré a mencionar y no se va a interponer entre nosotros. Sigamos adelante".

Promueve la cooperación y la expectación. Un espíritu de cooperación y de expectación positiva de tu parte hará maravillas cuando compartes un consejo constructivo. Utiliza comentarios tales como: "¿Qué podemos hacer para que los dos obtengamos lo que queremos?" o "Me interesas y quiero lo mejor para ti. Aprecio que me escuches y creo que podemos seguir adelante. ¿Qué piensas?"[4]

El otro lado del criticismo

El compartir criticismo, aun con la forma positiva del consejo constructivo, se puede percibir a menudo como una experiencia negativa. Pero puedes llenar la experiencia de cosas positivas si tomas el lado bueno de las cosas. Un ejemplo del lado bueno del criticismo fue descrito por Dale Carnegie:

> Bob Hoover, un famoso piloto de pruebas y participante frecuente de espectáculos aéreos, iba de regreso a su casa en Los Angeles después de un espectáculo aéreo en San Diego. Como se describió en la revista *Flight Operations*, a 100 metros de altura, ambos motores se apagaron repentinamente. Por medio de arriesgada maniobra fue capaz de aterrizar con el avión, que aunque se dañó mucho, nadie salió lastimado.
>
> El primer acto de Hoover después del aterrizaje de emergencia fue el inspeccionar el combustible del avión. Como lo sospechaba, el avión de hélice de la II Guerra

Mundial había sido cargado con combustible para turbinas, en lugar de ponerle gasolina normal.

Al regresar al aeropuerto, pidió ver al mecánico que había revisado el avión. El hombre joven estaba enfermo por la agonía de su equivocación. Las lágrimas le saltaban de los ojos conforme Hoover se le acercaba. Acababa de causar la pérdida de un avión muy caro y también podía haber costado la vida a tres personas. Pueden imaginarse la ira de Hoover. Uno podía anticipar la lengua que iba a desatar este piloto orgulloso y preciso. Pero Hoover no le reprochó nada al mecánico; ni siquiera lo criticó. En lugar de eso, puso su brazo en los hombres del hombre y le dijo: "Para mostrarte que estoy seguro de que esto no volverá a suceder, quiero que revises mañana mi F51.[5]

Como lo ilustra la historia, el paso más importante para compartir tu criticismo es el de proponer el comportamiento deseado en lugar de quejarte del comportamiento pasado. Cuando te enfocas en el comportamiento que deseas, es muy probable que obtengas el comportamiento que quieres. Cuando te enfocas en lo que la persona ha hecho mal, es muy probable que tal comportamiento vuelva a ocurrir. Por ejemplo, si dices: "Nunca me volverás a ayudar a empacar cuando salgamos de viaje", estás ratificando el comportamiento negativo. Pero si dices: "Me gustaría que me ayudaras a empacar cuando vayamos a viajar", es más probable que recibas la respuesta que quieres.

Asegúrate de reconocer las cosas de una manera positiva cuando tu consejo constructivo sea recibido por otra persona. Afirma cada paso en el proceso del cambio. Una expresión de gracias en voz alta o una nota de aprecio llegarán muy lejos. Este no es solamente un paso necesario para mantener el criticismo de forma positiva, sino que es vital. Cuando te esfuerzas por reconocer y afirmar, vas a ser diferente y será lo mismo con la otra persona. Cuando haces mención de los esfuerzos de la persona a la que corriges, ella va a estar más abierta para cambiar la próxima vez. De esto es de lo que se trata el llevarte bien con las personas.

Todos necesitan ser respaldados varias veces durante el día. La necesidad es aún más grande cuando el criticismo está siendo intercambiado. Cuando aconsejo a las parejas, a menudo les digo: "Estoy seguro de que van a sentir la necesidad de compartir las preocupaciones y las críticas el uno con el otro. Eso está bien. Pero por cada crítica que compartas, te va a costar cinco afirmaciones durante las horas siguientes después de haber hecho la crítica. Y esas afirmaciones deben ser compartidas de una manera honesta y sincera, y deben ser reconocidas por tu pareja, antes de que se pueda compartir otra crítica". El efecto positivo de esta estrategia sobre las parejas es sorprendente.

Conforme reflexionas al criticar a otra persona, considera lo que W. Livingstone Larned compartió con su hijo:

EL PADRE SE OLVIDA

Escucha, hijo; te estoy diciendo esto mientras duermes, con tu pequeño puño bajo tu mejilla y los rubios mechones pegados a tu frente sudada. He entrado solo a tu habitación. Hace unos minutos, mientras leía el diario en la biblioteca, una ola de remordimientos vino sobre mí. Culpable vine ante tu cama. Estas son las cosas que estaba pensando, hijo: Me he molestado contigo. Te regañé cuando te vestías para ir a la escuela porque apenas si te limpiaste la cara con la toalla. Te castigué por no limpiar tus zapatos. Te increpé molesto cuando tiraste algunas de tus cosas al piso.

En el desayuno también encontré faltas en ti. Derramaste cosas, hacías ruido con tu boca al comer, pusiste tus codos sobre la mesa, untaste demasiada mantequilla en tu pan. Y conforme te fuiste a jugar y yo me fui a tomar mi tren, te volviste y meneando tu mano dijiste: "¡Adiós papi!" y yo fruncí el ceño, y te respondí: "¡Echa los hombros hacia atrás!"

Y todo volvió a empezar por la tarde. Conforme venía para la casa te espié, estabas jugando de rodillas. Había hoyos en tus calcetines. Te humillé frente a tus amigos llevándote delante de mí hacia la casa. Los calcetines son caros —¡si los tuvieras que comprar tú serías más cuidadoso! ¡Imagínate eso, hijo, viniendo de un padre!

¿Recuerdas, más tarde, cuando estaba leyendo en la biblioteca, cómo viniste tímidamente, con una expresión en tus ojos como si estuvieras lastimado? Cuando te miré por encima del periódico, impaciente por la interrupción, tú vacilaste en la puerta. "¿Qué quieres? —te dije. No dijiste nada, pero corriste en una forma tempestuosa, y echaste tus brazos alrededor de mi cuello y me besaste, y tus brazos pequeños me apretaron con un afecto que Dios había puesto en tu corazón y el cual ni siquiera el desprecio podía aminorarlo. Y después te fuiste corriendo y escuchaba tus pasos en la escalera.

Bueno, hijo, fue poco después que mi periódico se me resbaló de las manos y me invadió un tremendo temor. ¿Qué está haciendo de mí este hábito? El hábito de hallar faltas, de decir reprimendas —esta fue la recompensa que te di por ser un niño. No es que no te amara: es que esperaba demasiado de tu juventud. Te estaba midiendo con la medida de mis propios años.

Y había tanto que era bueno y bonito en tu carácter. Tu pequeño corazoncito era tan grande como el amanecer mismo en las montañas. Esto lo mostraste por tu impulso espontáneo al correr hacia mí y darme un beso de buenas noches. Nada más importa en esta noche, hijo. He venido al lado de tu cama en medio de la obscuridad y me he arrodillado aquí, ¡avergonzado!

Es una frase insignificante; sé que no entenderías estas cosas si te las dijera cuando estás despierto. ¡Pero mañana voy a ser un papá verdadero! Voy a estar contigo, y voy a sufrir cuando sufras, y a reírme cuando rías. Voy a morder mi lengua cuando vengan palabras que muestren impaciencia. Voy a estar diciendo como si fuera un ritual:

"No es sino, solamente un niño —un pequeño niño".

Temo haberte querido ver como a un hombre. Sin embargo conforme te veo en estos momentos, hijo, acurrucado y cubierto, veo que aún eres un bebé. Ayer estabas en los brazos de tu mamá, tu cabeza sobre sus hombros. He pedido mucho, he pedido demasiado de ti.[6]

9

Tratando con personas difíciles

No te ha tomado mucho tiempo de vivir en esta tierra para descubrir que es más difícil llevarse con unas personas que con otras. De hecho, te parece que fuera imposible llevarte con algunos de los miembros de tu familia, con compañeros de trabajo, o con las personas que asisten a tu iglesia. Tal vez has tratado varias cosas para solucionar esto. Te has cansado de intentar cambiarlas, sólo para descubrir que los cambios no fueron permanentes y que tú necesitas cambiar tanto como lo necesitan hacer ellos. Trataste de aceptarlos de la manera en que son, pero sólo alimentaste su comportamiento imposible y has aumentado tus sentimientos de ser la víctima o el mártir. Has tratado de soportarlos, lo que significa el contender con alguien en los mismos términos, pero lo que era igual para ti no era igual para ellos. Y trataste de ignorarlos, pero sabes que esa es la última cosa que Dios quiere que hagas.

Has estado frustrado porque no encuentras la manera de relacionarte con las personas difíciles, sin que te vuelvas medio loco. Bueno, tengo buenas noticias para ti. Es posible que te relaciones con las personas difíciles que hay en tu vida. Me gustaría llamarlo, *el relacionarte positivamente*, lo cual incluye elementos de aceptación, de contención, y de responder a las personas que son un problema, en la manera en que lo hizo Jesucristo. Ese acercamiento no refuerza el comportamiento negativo, sino que disminuye el control que la persona difícil tiene sobre ti. El relacionarse positivamente no toma el comportamiento de las personas difíciles como un ataque personal. Te ayuda a erguirte por encima del conflicto causado por su comportamiento y le permite a Jesucristo el empezar una obra nueva en ellos. El relacionarse positivamente incluye un nivel de interés por las personas difíciles, el que sólo puede venir a través de la obra de Cristo en tu propio corazón y en tu propia vida.

¿Cuál es la clase de personas con las que te cuesta más trabajo el relacionarte? ¿Qué clase de personas te hacen sentir frustrado, sin poder, despedazado, convertido en víctima, atrapado, confundido, con miedo, o enojado? Las opciones son las tres clases de personas difíciles que vamos a discutir en este capítulo como la fuente de la mayoría de tus dificultades para llevarte bien con los demás. Vamos a aprender a relacionarnos positivamente con las personas negativas, con los que no se comunican, y con los controladores/dominantes.

Tratando positivamente con las personas negativas

La mayoría de las personas generalmente reflexionan y evalúan las nuevas ideas, pero no lo hacen así las personas negativas. Este tipo de personas no están interesados en resolver los problemas o en buscar alternativas creativas. El o ella andan por allí con un cubo de agua fría buscando un lugar en donde derramarlo. Las personas negativas ven de una manera pesimista a la mayoría de las situaciones, y dicen: "No vale la pena el considerarlo. Hicimos el intento con esto hace cuatro años y no dió resultado. Nunca dará resultado".

Las personas negativas ejercen una influencia nociva en las familias, iglesias, vecindarios, y negocios. Sientes ganas de gritarles: "¡La vida no se construye con derrotas y desesperación! ¿Por qué no puedes cambiar y ver las cosas de una manera positiva?" Pero generalmente el atacarlos no da buenos resultados. De hecho, puede solamente empeorar las cosas.

Puede que las personas negativas no actúen de una manera intencional. A menudo desearían el poder actuar de una manera diferente. Pero les da miedo el correr el riesgo de emprender nuevas ideas. Luchan con la desilusión. No quieren arriesgarse al fracaso, así que se oponen a cualquier idea en donde el fracaso es una posibilidad. Se ven a sí mismos como a personas que les hace falta control sobre sus propias vidas, así que el ser negativos es su manera de expresar control. Desafortunadamente, los esfuerzos negativos para controlar sus propias vidas los llevan a controlar las vidas de otras personas en el proceso, y hace difícil el tenerlos alrededor.

¿Cómo podemos llevarnos bien con esta clase de personas que parecen esparcir un pesimismo, desesperación, y desánimo a cualquier lugar que van? Aquí hay un par de consejos importantes:

Ora por ellos fervientemente. El primer consejo para tratar con las personas negativas que se encuentran en tu vida es el cubrirlas con oración. Ora por ellos de manera regular durante tus devocionales diarios. Especialmente ora por ellos cuando sabes que vas a estar a su alrededor en el trabajo, en la iglesia, o en una reunión familiar. Necesitamos recordarnos a nosotros mismos de los tremendos recursos que tenemos, y que están disponibles a través de la oración. Necesitamos hablarle a nuestro Padre celestial acerca de esta clase de personas difíciles. No podemos relacionarnos con ellas por nuestros propios medios. Necesitamos verles a ellos, a sus heridas y a su potencial a través de los ojos de Dios. Necesitamos recordar que Dios amó tanto a estas personas que envió a su Hijo a morir por ellos.

El orar por las personas negativas no significa simplemente decir: "Señor, por favor cámbialos". Mas bien necesitas pedirle al Señor que los bendiga con lo mejor que tiene para ellos. Pídele a Dios que te dé las fuerzas que necesitas para relacionarte con estas personas de una manera genuina y con amor, lo que no acrecienta ni condona el problema.

Después que tu actitud ha sido refrescada al orar por las personas negativas que hay en tu vida, estás listo para relacionarte con ellos. Puede que pienses que la manera cristiana es el poner la menor resistencia posible y seguirles la corriente a las personas negativas. Pero el seguirles la corriente sólo alimenta el problema. Jesús nos llama a que apacentemos sus ovejas, no a que apacentemos los problemas de las personas. Puede que trates de seguirles la corriente porque tiendes a ser sumiso o tiendes a hacer el papel de víctima. Pero el seguirle la corriente a una persona negativa no es la cosa más amorosa que se pueda hacer. Tienes que involucrarte con ellos de una manera positiva y con amor.

Relaciónate con ellos en amor. Conforme te involucras con personas negativas, evita el quedar atrapado en sus argumentos. No puedes argumentar con ellos para sacarlos de su manera negativa de ser, ni motivarlos de esa manera a que admitan sus errores. Su posición defensiva y su necesidad de control siempre los motivará a pelear contigo, aun cuando sus argumentos sean ilógicos. Nunca vas a ganar una discusión con una persona negativa.

Tuve un estudiante en el seminario hace varios años —lo voy a llamar Juan— quien era la clásica persona negativa. A su manera Juan controlaba a aquellos que le rodeaban, pero algunos de sus compañeros de estudios habían aprendido a responderle a Juan con amor a pesar de su actitud negativa.

Una vez escuché por casualidad a Randy, uno de los amigos de Juan, el hacer una sugerencia para un proyecto que estaban discutiendo. Juan respondió de la manera predecible y negativa: "No va a dar resultado. No vale la pena intentarlo".

Randy no se molestaba por el negativismo de Juan y no trataba de discutir con él. En lugar de eso dijo: "Sabes, Juan, esa siempre es una de las posibilidades. Puede que no dé resultado. Consideremos eso como la primera opción. Asumiendo que no va a dar resultado, ¿cuál es el otro par de opciones que podemos considerar?" Randy continuó pensando de la misma forma de pensar de Juan, pero mantuvo el enfoque en el problema en lugar de tomar el lado de Juan.

Después de unos momentos, estaban considerando varias alternativas para el proyecto. Conforme discutían las opciones, aun Randy mismo mencionó algunas de las posibilidades negativas para cada opción. Conforme lo hizo, Juan pareció relajarse, aparentemente animado porque alguien lo estaba escuchando, considerando su perspectiva, y aún estaba interesado en seguir trabajando con él. Me sorprendí de la habilidad de Randy para relacionarse con Juan sin reaccionar a su forma negativa de ser. ¿Quién dijo que un profesor no podía aprender nada de sus estudiantes?

Algunas veces, cuando las personas negativas no responden, a pesar de la clase de relaciones amables como las que Randy mostró, necesitas seguir adelante con lo que intentas hacer. Pero la forma en que sigues adelante y frente al negativismo de las personas, es vital. Simplemente descontando sus opiniones o pasando rápidamente por encima de ellas, lo que va a hacer es dañar tu relación. Debes reconocer y animar a la persona diciendo algo como: "Ahora entiendo mejor las razones por las cuales piensas que no va dar resultado, y aprecio que hayas escuchado las otras posibilidades. Pero creo que seguiré adelante con lo que había sugerido anteriormente y a ver qué pasa. Sin embargo, valoraré tus continuas perspectivas conforme vayamos avanzando".

Puede que la persona negativa acepte o no acepte tu explicación. Pero eso no es lo importante. Después de que has hecho lo que está dentro de tus posibilidades, debes seguir adelante con lo que sabes que es lo correcto, cualquiera que sea la respuesta de la persona negativa. Si mides tu éxito o tu progreso por tal respuesta, estás colocando el control en las manos de tal persona, empeorando el problema. Relaciónate con las personas negativas mostrándoles amor, reconoce su posición, y anímalos; pero debes estar preparado para seguir adelante aun si no se te unen.

En este punto de las relaciones, debes considerar los varios tipos de relaciones discutidos en el capítulo uno. Necesitas determinar el nivel de relación en el que estás involucrado y el nivel al cual te gustaría llegar. Por ejemplo, tratar con tu pareja, si es negativa, o con uno de tus padres, o con alguno de tus hijos, va a requerir una consagración más profunda que si estuvieras tratando con un compañero de trabajo que es negativo. Si la persona negativa es un miembro de la familia o un amigo cercano, yo les sugeriría que den un paso hacia adelante y busquen la ayuda de un consejero.

He dado consejo a numerosas personas negativas. A menudo, en presencia de sus parejas, les he dicho:

—Por lo que he escuchado, ambos están aquí porque uno de los dos tiene tendencias a responder desde un punto de vista negativo. Ambos han indicado que se ha convertido en un problema mayor que está interfiriendo en su relación. Me gustaría compartir una observación y después hacer algunas sugerencias. ¿Está bien? (En este momento me gusta pedir permiso —el cual generalmente me es dado— porque permite que el paciente sea parte del paso próximo.)

»Mi observación es que sus respuestas negativas son simplemente un reflejo de una manera de pensar negativa y de la forma en que se relacionan con el mundo. Es igual que la pantalla de una computadora que sólo muestra lo que está pasando dentro de la computadora, sus palabras y sus acciones solamente demuestran qué es lo que está pasando por sus mentes. ¿Es cierto? (La respuesta casi siempre es afirmativa).

Continúo explicando cómo los patrones de pensar negativos y de hablarse a sí mismo se desarrollan. Entonces les pregunto:

—¿Si hubiera alguna oportunidad de cambiar su punto de vista negativo por uno positivo, estarían interesados en hacer el intento?

Por ser personas negativas, al principio dudan, pero todavía no he encontrado a uno que desprecie mi ofrecimiento.

Con el permiso del cliente, ofrezco algunas sugerencias y comparto algunos recursos útiles para darle la vuelta al pensamiento negativo. Después les digo:

—Quiero que traten este experimento. Cada vez que se encuentren que están pensando negativamente acerca de un tema o de una oportunidad, empiecen a hablarse de una manera positiva con la que puedan vencer los obstáculos negativos sobre los que están pensando, ¿les parece que pueden hacerlo? Probablemente estén pensando ahora mismo que el experimento no va a dar resultado, pero está bien que piensen de esa manera. El cliente generalmente se ríe por mencionar de una manera suave su forma negativa de pensar. Mi frase intenta darle permiso al cliente para que sea negativo, pero puesto que fue alguien más quien lo sugirió, él o ella estarán menos inclinados a tomar esa opción. Después de algunos minutos de discusión, generalmente están de acuerdo en intentar el experimento.

A continuación dirijo al cliente para que escriba algunas tarjetas que le recuerden sus objetivos para combatir los pensamientos negativos. Instruyo a las personas negativas para que lean estas tarjetas en voz alta cada mañana y cada noche durante un mes, hasta que estos patrones positivos se empiecen a grabar en sus mentes. Después pongo en la lista el apoyo de la pareja diciendo: "Puesto que no voy a estar en tu casa durante la semana, ¿puedes ayudar a tu pareja animándole y recordándole nuestro acuerdo en caso de que se le olvide?"

Vea cuidadosamente los pasos en específico que utilicé para dar consejo en el proceso de arriba. La persona que es negativa se puede volver positiva si se le acerca uno con amor y con sensibilidad. Si la persona negativa en tu vida es un miembro de tu familia, tu relación vital con esa persona será más saludable si permaneces paciente y si haces algo por el cambio a través de la oración, de la interacción y del consejo.

Comunicándote con los que no se comunican

Las personas fueron creadas para comunicarse las unas con las otras. Desafortunadamente, algunas personas nunca se han enterado de esto. Tales personas son las que no se comunican, las personas silenciosas, los callados. ¿Alguna vez has estado sentado y frustrado mientras esperas una respuesta durante segundos o minutos de parte de una persona que no sabe comunicarse? ¿Alguna vez te has ido enojando lentamente y sentido que tus músculos se tensan cuando una persona aparentemente es indiferente y tiene una expresión que no te dice nada y te evita el contacto con lo ojos? Para la mayoría de nosotros, quienes disfrutamos de hablar y de relacionarnos los unos con los otros, nos va a costar trabajo llevarnos con este tipo de personas.

Las personas que no saben comunicarse están alrededor de nosotros. Son nuestros hijos, nuestros padres, compañeros de trabajo, y vecinos. Quizás la situación más difícil para tratar con este tipo de personas es el matrimonio. Después de más de veinticinco años de dar consejos, he perdido la cuenta del número de parejas matrimoniales que han pasado por mi consultorio. A algunos les tomó media hora simplemente para responder una pregunta sencilla del otro cónyuge. Otros se comunicaban como si fueran telegramas —tan pocas palabras como fuera posible para pasar el mensaje. Algunos ni siquiera le daban una respuesta a su pareja— ¡ni siquiera con un gruñido! Las personas que no saben cómo comunicarse enfurecían a sus parejas con el tratamiento del silencio.

¿Por qué es que algunas personas se niegan a comunicarse? Creo que hay bastantes razones. Algunos se callan para controlar o para atacar a otros. El quedarse callados es una forma efectiva de frustrar al otro cónyuge que le gusta hablar. Algunas personas optan por el silencio para evitar dolorosas interacciones o confrontaciones. Otros optan por el silencio para evitar dar la cara a sus propios pensamientos, temores, o sentimientos de enojo. Cuando los asuntos íntimos se comunican con palabras, la realidad es más evidente que cuando los cubres y te defiendes de ellos al permanecer en silencio.

Recuerdo mi primera experiencia con un paciente de este tipo hace muchos años. Una chica que estaba en la escuela preparatoria vino a mi consultorio por una cita de una hora, durante esa hora ella habló solamente cinco veces, ¡con períodos de silencio entre ellos que duraron más de diez minutos! Creo que conté varias veces los agujeros que hay en el techo acústico durante esa hora. Al final de la hora me dio las gracias y se marchó. Pero yo no me sentía mejor. Mi primer encuentro con esta clase de personas me dejó sin nervios.

Desde entonces he descubierto que está bien que una persona permanezca en silencio. No necesito llenar todos los espacios que hay en una conversación. El silencio comunica su propio mensaje. Al mismo tiempo he aprendido algunas maneras para animar a las personas que no saben comunicarse para que participen más en la relación. Te has de preguntar: "¿Y por qué hay que preocuparse por ellos? Si no quieren hablar olvídalos". Muchos de ellos *quieren* hablar, pero sencillamente no saben cómo hacerlo. Nuestra actitud cariñosa para con las personas que no saben comunicarse debe ser el invitarlas a hablar, creando una atmósfera que les haga más fácil el compartir sus pensamientos y sus sentimientos. Nuevamente, una manera indispensable para animar a la comunicación a toda clase de personas es mostrándoles interés y preocupación, siendo unos buenos oyentes. A continuación unos pasos adicionales que puedes seguir para ayudar a llevarte mejor con estas personas.

Acepta su silencio. Decídete en tu mente el dar permiso a las personas que no se saben comunicar para que guarden silencio y a que respondan en la manera en que lo hacen. Esto va a reducir la presión y la frustración que sientes cuando esperas una respuesta y no la obtienes. Al aceptar internamente su silencio tú mantienes un sentido de control sobre lo que va a acontecer.

Incidentalmente, esta clase de procedimiento de darles permiso a las personas para que sean como son, puede ser utilizado para aliviar muchas situaciones frustrantes. Por ejemplo, cuando te quedas atrapado en el tránsito, conscientemente les estás dando permiso a los conductores a que vayan contigo en la misma dirección a la misma hora del día. Cuando estés esperando en la oficina de un médico y haya mucha gente, en silencio da permiso al médico para que pase más tiempo con los otros pacientes, aun cuando te haga retrasarte en tu cita. Al dar permiso a una persona que te ofende para que se comporte de la manera en que lo hace, o al darte permiso para experimentar tu circunstancia inevitable, tenderás a relajarte en lugar de exasperarte.

Haz preguntas que requieran amplias respuestas. Cuando hables con una persona que no se sabe comunicar, evita el hacer preguntas que puedan ser respondidas con un sí o con un no. Utiliza preguntas amplias, aquellas que requieran una respuesta completa. Por ejemplo, en lugar de preguntar: "¿Te gustó el concierto?", invita a una respuesta más amplia preguntando: "¿Qué fue lo que más te gustó del concierto?". Otra manera de sacar al individuo de su silencio es diciendo: "Me interesa saber qué es lo que percibes en el fondo de este asunto y creo que tienes algo importante que añadir. Dime lo que estás pensando".

Algunas veces aun al hacer esta clase de preguntas a este tipo de personas nos encontramos con que nos responden con el silencio. Las personas que no saben comunicarse no siempre están listas para dar más de un sí o un no como respuesta. Una de nuestras tendencias es el "rescatar" a las personas calladas llenando el silencio molesto con nuestras propias palabras. No sientas que tienes que aliviar la presión elaborando o ilustrando, o poniendo palabras en la boca de la persona, más bien pudieras considerar decir lo siguiente: "Me interesa lo que tienes que decir, pero quizás necesites un poco de tiempo para pensarlo. Está bien conmigo; tómate tu tiempo, y dime cuando estés listo". Dando el permiso para que haya silencio, se quitará la presión de ambos.

Si la persona que no sabe comunicarse está utilizando su silencio como una táctica para controlar, tu proceder permisivo lo estimulará a hablar. ¿Por qué? Porque al permanecer callado te estará cediendo el control de la situación —que es justamente lo que no quiere hacer. Es un ejercicio de la sicología invertida. Al dar permiso para que haya silencio estás creando una atmósfera segura y estás estimulando de una manera positiva a las personas que no saben comunicarse. No los estás presionando ni los estás forzando a que hablen. Estás demostrando que los entiendes y que estás dispuesto a trabajar con ellos y no a ponerlos a un lado.

Confronta directamente al silencio. Otra manera de invitar a estas personas a que participen es el dirigirte directamente a su silencio. Por ejemplo, podrías decir: "Kim, estoy esperando una respuesta de tu parte y parece que estás pensando en otra cosa. Tengo curiosidad por saber qué significa tu silencio en esta ocasión". Entonces espera con una expresión de interés en tu cara, quizás inclinando tu cabeza hacia un lado para mostrar que estás esperando una respuesta.

He utilizado las siguientes frases de manera efectiva al aconsejar y también en los encuentros diarios con las personas que no saben comunicarse: "Tu cara me dice que algo está pasando por tu mente. Me gustaría escuchar qué es". "Puedes que estés preocupado(a) de lo que va a pensar tu esposo(a) si compartieras lo que está pasando por tu mente. Creo que tu cónyuge está listo para escuchar". "Parece que tienes problemas para hablar en estos momentos. ¿Puedes decirme el por qué?" "Quizás tu silencio refleje la preocupación por decir algo de la manera correcta. Puedes decirlo de cualquier manera que te guste".

Una vez escuché a una madre pidiéndole a su hijo que respondiera diciéndole: "Juanito, puedes decirme lo que estás pensando en voz alta o puedes decírmelo al oído o puedes escribirlo en un papel. ¿Cuál de ellos prefieres?" Su creativo enfoque le dio a Juanito una elección en el asunto —y generalmente daba resultado.

Una esposa utilizaba un enfoque directo con su esposo, diciéndole: "Algunas veces cuando quiero hablar contigo, parece que estuvieras preocupado o que vacilaras, me pregunto si es el tema o si es algo que hago lo que te dificulta el responder. Quizás podrías pensar en esto por un rato y después me respondes". Entonces se levantaba para salir de la habitación. Pero su esposo tranquilamente le decía: "Hablemos ahora. Estoy listo para comentar tu última frase".

El enfoque directo es más efectivo cuando invitamos a las personas que no saben cómo comunicarse a que nos digan qué es lo que hemos estado haciendo para hacer difícil la comunicación. Pero es muy importante el escucharles y el no permitirnos ponernos a la defensiva, no importa que sea lo que ellos digan. Lo que digan puede que no sea exacto desde tu punto de vista, pero es la manera en que ellos lo ven. Haz en esos momentos preguntas que aclaren para ayudarles a ganar una idea más exacta del problema verdadero en su relación. Ten cuidado de no decir nada que los haga retirarse a refugios más profundos.[1]

Controlando al controlador/dominante

Una de las calcomanías más interesantes que he visto en los parachoques de los autos en las autopistas decía: "Nacido para guiar". Tenía un tono positivo y me gustó. Pero conozco a algunas personas que necesitan algo similar —y no precisamente para halagarlos—, algo así como: "Nacido para controlar y dominar". Realmente no creo que estas personas hayan nacido para que sea tan difícil el llevarse bien con ellas, pero ciertamente han aprendido a dominar y pasar sobre los demás. Los he visto en todas las profesiones. Son fáciles de notar y difíciles de que pasen inadvertidos. Tienen una incesante necesidad de estar en control de las personas y de las situaciones. Algunos de los controladores/dominantes son inconscientes de sus tendencias de dominio. Algunos están más conscientes, pero ejercitan el control calladamente y detrás de las mamparas. Otros son explosivos y obvios.

Algunos de los controladores/dominantes más pesados son personas muy competentes, lo cual hace aun más frustrante el estar alrededor de ellos. ¡A menudo desearíamos que cayeran a lo más bajo, al menos por una vez!

Es difícil el ser abierto y relajado en la presencia de los controladores/dominantes. Siempre tienes temor deque lo que digas en su presencia sea utilizado en tu contra posteriormente. El controlador de los demás generalmente no responde de una manera abierta. Sus defensas se han desarrollado para evitar la apertura. Son astutos para proyectar a otros el problema que existe dentro de ellos mismos. La información dada por los controladores/dominantes generalmente está distorsionada para mostrar que ellos están bien y el resto del mundo está mal.

Algunas de estas personas tienen mucho conocimiento y son productivas, y otras saben muy poco. Ambos pueden ser irritantes. Los dominantes que son capaces —¡y que saben que los son! te responderán con arrogancia y en un tono condescendiente de seguridad propia. Sus ideas y sus opiniones siempre tienen que ganar, y tus contribuciones pueden ser dejadas a un lado del camino. No sienten la necesidad de depender de la información o de la experiencia de otros.

Cuando tienen éxito, los planes del dominante toman todo el crédito. Pero cuando sus planes fallan, dicen: "No es mi error. Obviamente alguien no obedeció mis instrucciones. La idea era estupenda, pero no siguieron los planes al pie de la letra. La próxima vez, escúchenme bien". He visto a estas personas dominar la reunión de la directiva de una iglesia. He visto a líderes cristianos controlar a sus seguidores de esta manera. He visto tanto a esposos como esposas el gobernar a sus familias de esta manera.

Cuando otros se resisten a sus tendencias de dominio, los controladores lo perciben como un ataque en contra de ellos y de sus buenas ideas. A cambio, ellos se aferran al gran arsenal de armamento que tienen. La ira es una manera favorita para atacar, ya sea expresada de manera audible a través de gritos de ira y sarcasmo, o de una manera no verbal expresada a través de un trato de silencio.

Yo tuve un paciente que era un controlador/dominante "sábelo todo" quien a regañadientes hizo una cita conmigo cuando uno de sus problemas interpersonales le llegó hasta la coronilla. Conforme discutíamos algunas de sus dificultades, me dijo: "Norman, uno de mis problemas en mis relaciones es que yo sé más de lo que ella sabe. De hecho, sé más que la mayoría de las personas. Hasta sé mucho sobre lo que ustedes los consejeros hacen. No soy un experto en una sola área, sino en varias. Por eso es que tengo el puesto que ocupo hoy día. Otras personas te pueden decir que soy un experto. ¿Por qué no les puedo decir a otros qué es lo que deben hacer cuando yo sé más que ellos? Cuando un proyecto no da resultado, generalmente es porque aquellos que llevaron a cabo mi idea cometieron un error en alguna parte. Me gusta estar seguro de las cosas —y siempre lo estoy".

Aquí está una persona que tiene que estar completamente segura de sus hechos y en completo control de los resultados. Es muy difícil para esta clase de personas el vivir en la incertidumbre. Para estas personas, control es lo mismo que seguridad. Tienen muy poca tolerancia para las incapacidades de los demás, ya sea por cuestión de habilidad o por rapidez en el trabajo.

Conforme consideramos cómo llevarnos bien con los dominantes, debemos recordar los principios básicos para relacionarnos con cualquier persona difícil: Tenemos que darnos cuenta de que su comportamiento es meramente un síntoma y que Dios los ama lo suficiente para dejar que Cristo muriera por ellos. Y mi pregunta persistente para ti en lo que respecta a las personas dominantes que hay en tu vida es: "¿Estás orando por ellos?" ¡Tus oraciones van a hacer una gran diferencia a medida que sigas los pasos para llevarte bien con esta clase de personas!

No pelees con resistencia contra el control. No trates de atacar el fuego con fuego. No puedes controlar a los controladores. En lugar de eso, dales permiso en tu corazón y en tu mente para que sean como son. Repítete a ti mismo que está bien el ser de esa manera. Asegúrate a ti mismo que no necesitas ser intimidado por ellos, y que puedes aprender a responderles de una manera positiva. Los dominantes ganan mucho de su poder y de su control de aquellos que se les resisten. Si decides no halar la cuerda por tu punta no va a producirse una pelea para ver quién hala más fuerte. Dos tercios de tu batalla contra los dominadores está en tu mente. Te hablas acerca de los dominantes y cómo te sientes con respecto a ellos. Te enfocas en su desagradable comportamiento y cómo deseas que cambien o que se vayan. Probablemente ensayaste encuentros previos con esta clase de personas y anticipaste el peor escenario en tu próxima reunión. Mantuviste lo negativo de las "imágenes instantáneas" y de "los avances de lo que iba a pasar" en tu mente y te cansaste físicamente, te pusiste tenso, y como resultado vino la ansiedad. Estas tan enfocado en esas ideas de resistencia que eres incapaz de enfocarte en otras áreas de tu vida.

Si quisieras entrar al negocio de las películas mentales, crea algunas nuevas películas en tu imaginación para proyectarlas después en tu intelecto presentándote reaccionando de una manera sana, afirmante, sin intimidarte, ante la persona dominante. Concíbete a ti mismo reaccionándole con calma en lugar de resistir. Conforme creas estas imágenes mentales, mírate de pie frente a esa persona con una mano del Señor Jesucristo descansando sobre tu hombro, dándote la fuerza que necesitas. El está contigo. Muy a menudo nos olvidamos de ese hecho. Nos vemos entrando en estos conflictos a solas, cuando en realidad Cristo está con nosotros durante todo el camino. Recuérdate a ti mismo de su constante presencia.

Date cuenta de su inseguridad. Una de las frases más tristes que escucho en mi consultorio generalmente proviene del esposo o de la esposa que es víctima de un cónyuge dominante: "Todo está tan en paz cuando se marcha mi esposo. La familia marcha tan bien cuando él no está. Pero cuando él está presente todos nos ponemos tensos y esperamos que haya peleas en cualquier momento. Sé que no debería decir esto, pero somos más felices cuando él no está en casa. Estamos cansados de ser gobernados y controlados. No es la manera en que se supone que debe vivir una familia".

El control descrito por esta esposa refleja la inseguridad que impulsa a su dominante esposo. El tener la razón o el estar en control puede que haya sido su método para ganar atención o para poder salir adelante cuando era un niño inseguro. Puesto que dio tan buen resultado en su familia original, continúa encontrando seguridad ejerciendo control sobre su esposa y sobre sus hijos. Recuerden que el rugido de la persona dominante generalmente es sólo un escudo cubriendo a un niño inseguro y con miedo.

Con cariño comparte los hechos verdaderos. Puesto que los controladores dominantes están tan dedicados a estar en lo correcto y en lo preciso, te vas a llevar mejor con ellos si hablas acerca de una información con bases seguras. Los dominantes tienden a creer que las otras personas no saben de lo que están hablando.

S i encuentran a una persona que tiene un buen conocimiento e indican que han hecho las investigaciones necesarias, puede que tomen a la persona seriamente. Sin embargo, esta presentación de información exacta siempre debe hacerse con amor y con consideración.

Escucha, escucha y escucha. Este es un paso básico para llevarte bien con todas las variedades de las personas difíciles. Ya hemos hablado acerca de escuchar lo que está perfectamente discutido en el capítulo seis. Va a tomar tiempo y esfuerzo, pero te va a dar grandes dividendos en tus relaciones con las personas que son dominantes y controladoras. Conforme escuchas al dominante, reconoce su habilidad y las cosas tan exactas que dice. Anima a este individuo aun cuando estés batallando con tus propios sentimientos personales con respecto a esa persona. A menudo esta clase de persona está hambrienta de ser animada y afirmada.

Hace algunos años en un caso de consejería aprendí el valor de escuchar a una persona dominante. Cuando la pareja llegó para su primera cita, la mujer empezó a hablar tan pronto abrí la puerta. Conforme la sesión continuaba la esposa interrumpió a su marido al menos quince veces y varias veces trató de interrumpir y de controlar mis reacciones ante ella. Mi ira empezó a subir y tenía ganas de decirle muchas cosas por querer dominar la consulta. Pero sentí que el Señor me estaba pidiendo que esperara, así que lo hice, dándome cuenta que no haría bien en resistirla.

Conforme empezamos la segunda consulta una semana después, encendí la grabadora. Como a la mitad de la sesión regresé la cinta y la toqué para que la pareja la escuchara. Los ojos de la mujer se abrieron de sorpresa cuando se dio cuenta cuán a menudo interrumpía y trataba de controlar la conversación. Después de haberse escuchado en acción, estaba lista para hablar de sus tendencias a dominar. Concluyó la sesión diciendo: "Gracias por ayudarme a ver mi problema. Estoy segura de que no volverá a suceder".

Cuando la pareja regresó para la tercera consulta, había un cambio drástico en la mujer. Ella trató duramente el no interrumpir durante la sesión. Realmente controlaba las riendas de su forma dominante. Al final de la sesión se lo agradecí y la felicité por reprimir sus interrupciones. ¡Y me sorprendió! Esta mujer fuerte y lista para ir a la carga había recibido tan poco apoyo en su vida, que casi no sabía como utilizarlo. Su exterior tan fuerte se derritió y su respuesta a mi felicitación reveló su inseguridad y la imagen tan pobre que tenía de sí misma. Ella admitió que, si no hubiera cambiado, su esposo se hubiera divorciado de ella —¡convirtiéndolo en el quinto esposo que la dejaba!

Sé que es difícil el escuchar y el interesarse por las personas que controlan y dominan. No parece que lo necesiten, y a menudo no parece que lo merezcan, pero la protección y el interés no son cosas que se dan "por causa de" sino se dan "a pesar de".

Persiste en compartir alternativas. No permitas que esta clase de persona ponga a un lado lo que les quieres decir. Cuando te interrumpan, regresa a lo que quieres decir, aun si debes empezar la frase varias veces. Esta es una variación de la técnica del "disco rayado", lo que implica el hacer la misma declaración una y otra vez para poder estar en control y poder comunicar el mensaje.

Cuando la persona dominante insista en formalizar algún punto, reconoce lo que dice, y después ofrece tus alternativas. Pero recuerda, la manera en que compartes tus ideas es muy importante. Escuché a un hombre decir en una reunión de la mesa directiva: "Bruce, no creo que lo que dices vaya a dar resultado, así que vamos a contemplar estas otras ideas". ¿Cómo crees que le cayó eso a Bruce el dominante?

En condiciones similares escuché a otro hombre utilizar un enfoque positivo para compartir las alternativas con el miembro dominante de una mesa directiva. "Realmente hay mucho mérito en lo que usted dice, Jorge. Me gustaría que también contempláramos estas otras dos ideas, aun cuando no las vayamos a utilizar. Considerarlas puede que nos señalen otras posibilidades para lo que usted ya ha presentado". Note cómo este enfoque respetó a Jorge, mientras que al mismo tiempo dio lugar para presentar otras alternativas de una manera positiva.[2]

June, una cliente mía de hace algunos años, compartió conmigo cómo aprendió a compartir alternativas con su esposo, que era un controlador y un dominante:

> Por años estaba agobiada con él. Me preocupaba por él, pero su tendencia a controlarme y a dominar nuestras relaciones sociales me estaba alejando de nuestras amistades. He aprendido a hacer tres cosas, las cuales suavizan su tendencia a controlar.
>
> Primero, le hago preguntas que lo animen a explicar completamente sus acciones para controlar. Una pregunta que siempre le hago es: "¿Cuáles van a ser los beneficios de esta acción para ti y cuáles van a ser los beneficios para mí?" Esa pregunta lo ha dejado callado varias veces.
>
> Segundo, he aprendido a decir: "Jaime, tú me conoces. Siempre me gusta oír dos ideas en lugar de una. Dame una buena alternativa aparte de la que estás sugiriendo".

De vez en cuando viene preparado con dos alternativas.
Tercero, pido un retraso en las decisiones de Jaime. Simplemente le digo: "Me gustaría el poder pensarlo". Sé que lo hace sentir frustrado algunas veces, pero ha aprendido que no se me puede apurar a hacer una decisión. Sabe que necesito tiempo para ver a través de sus argumentos y así está más dispuesto a darme el tiempo que necesito.

Estoy seguro de que tienes tu propia lista de las personas que piensas que son difíciles de tratar, las cuales van más allá de las descritas en este capítulo. Hay muchas variantes de las personas problemáticas que están alrededor de nosotros. Puedes evitar a muchas de ellas en la iglesia, en el trabajo, o en el gimnasio. Pero hay muchas otras que no puedes evitarlas. Para empezar, no has sido llamado a evitar a las personas, sino a que te relaciones con ellas. En lugar de evitar a las personas difíciles de tu vida, trata nuevamente de relacionarte con ellas utilizando los consejos de este capítulo. Pero en esta ocasión no lo hagas por ti solo. Relaciónate con estas personas por medio de los recursos que tienes en Jesucristo. Clama por su presencia en tu vida y en tus relaciones.

10

Familiares: El más grande desafío

Juan se sentó en el consultorio contándome su historia. "¡Es ridículo!" Mi esposa Sally y yo nos llevamos bien durante meses. Sus padres vienen a visitarnos por dos semanas y nuestra relación entera se pone de cabeza. Ellos simplemente se sientan y no quieren hacer nada. No hablan mucho, pero se quedan por mucho tiempo en nuestra casa. Me pongo irritable, y Sally y yo terminamos peleando por cuestiones sin importancia". Moví mi cabeza como señal de que lo comprendía. He escuchado historias como la de Juan de parte de muchas parejas y de muchos individuos.

"No me va mejor cuando mis padres nos visitan —él continuó—. Mi madre entra y se hace cargo de la casa, provocando un conflicto al instante entre ella y Sally. Mamá utiliza sus sentimientos a flor de piel, se toma las cosas de manera personal, y grita cuando se le lastima, enloqueciéndonos a mí y a Sally. Debe haber una mejor manera de manejar las relaciones con nuestros padres".

El llevarse bien con los familiares y con los familiares políticos es un desafío casi desde el momento en que el chico conoce a la chica. Diferentes costumbres en la familia, tradiciones, y estilos de vida se pueden convertir en fuentes de conflicto para una pareja de recién casados. Los maridos y las esposas jóvenes argumentan por cosas simples, como por ejemplo, si es que se sirve jamón o pavo en la cena de la Pascua, o si los regalos se abren en la noche de la víspera de la Navidad o hasta el día de la Navidad. Las tradiciones pasadas y las expectaciones presentes también pueden convertir las vacaciones en otra fuente de conflicto. El creció visitando a familiares durante las vacaciones, pero ella está acostumbrada a pasar las vacaciones en las montañas o en la playa para alejarse de los parientes. Las preguntas sobre las vacaciones, tales como a dónde se va a ir, a quién se va a visitar, qué se va a hacer, y qué tiempo van a durar, se convierten en la llama para provocar conflictos en las familias.

Los conflictos de conceder y prohibir también son comunes entre los hijos y los padres. Un joven esposo está tentado a aceptar un trabajo en una ciudad lejana, pero los padres de la esposa quieren que se queden cerca. Argumentan: "Pero no los vamos a poder ver tan seguido". "Vamos a extrañar a los nietos y ellos nos van a extrañar a nosotros, y no podemos viajar tanto para ir a verles". ¿Cómo se pueden llevar bien las familias en situaciones como éstas?

Katy y Felipe vinieron a una consulta porque no se estaban llevando bien con los padres:

—La madre de Felipe es nuestro problema —dijo Katy—, me puedo llevar bien con casi todo el mundo, pero tengo tantos problemas con esa mujer. Todavía tiene a Felipe atado a sus faldas. Traté de ser agradable con ella cuando nos acabamos de casar, pero nunca le he gustado a ella. No creía que fuera la mujer ideal para su hijo. Ella lo mal educó, pero yo no le pongo todo en la mano como ella lo hacía.

—Katy sólo está celosa de mi madre —interrumpió Felipe—. Katy ni siquiera quiere que los niños reciban regalos de mi madre. Creo que Katy al menos debería de tratar de intentar comprender cómo se siente mamá ahora que su esposo y su hijo único se han ido. Si Katy tratara a mamá con más amor y decentemente, la mayoría de los problemas entre ellas desaparecerían.

¿Has escuchado de problemas de este tipo, o has experimentado personalmente problemas familiares como éstos?

Cuando los miembros de la familia trabajan juntos en un negocio, puede que tengan problemas en llevarse bien. Cuando los padres se van a vivir con sus hijos que ya son adultos, o cuando los hijos ya mayores regresan a vivir con sus padres, puede que tengan problemas para llevarse bien. Cuando un hijo único se casa con alguien de una "tribu grande", puede que las familias tengan problemas en llevarse bien. Los conflictos que experimentamos dentro de las familias son de la misma especie que los que experimentamos con los que no son nuestros familiares, excepto que los problemas familiares a menudo son más profundos. ¿Por qué? Hay varias razones. Tenemos mayores expectaciones de los miembros de la familia, así que las desilusiones y los conflictos suceden más fácilmente. La calidad del compromiso entre los miembros de una familia es mucho mayor, así que las disensiones se sienten más profundamente. Los valores familiares a menudo son más profundos, haciendo que cualquier desviación de la tradición de la familia sea visto como una falta de respeto. Siempre que los sentimientos positivos sean intensos, los sentimientos negativos serán igual de intensos.

Es más importante para los miembros de la familia el aprender a llevarse bien los unos con los otros que en cualquier otra relación. ¿Por qué? Porque en las relaciones con compañeros de trabajo, con amistades, y aun en las relaciones de noviazgo, si los problemas se vuelven demasiado grandes o el ajustarse es demasiado difícil, puedes acabar con la relación. Pero no puedes renunciar a ser un padre, un hijo, un pariente político. Tienes que tratar con los problemas en las relaciones familiares porque no te puedes alejar de tu familia.

Supongo que todos tenemos parientes de quienes —si no estuviéramos atados a ellos por la sangre o por el matrimonio—, nos alejaríamos de ellos. Pero los compromisos familiares y las obligaciones son profundos y duraderos. Debemos aprender a llevarnos bien con nuestras familias a toda costa.

¿Cómo te relacionas con tus familiares?

En el capítulo uno discutimos varios niveles diferentes de relaciones. Estos varios niveles de relaciones con las personas también se aplican a los parientes y familia política. Tenemos tanto las relaciones que son estrechas como las casuales, con los miembros de la familia. De hecho, puede que tengas familiares a los que ves una o dos veces cada cinco años. Es una relación familiar casual y no representa ningún problema. Son aquellos compromisos permanentes que tenemos en las relaciones familiares con los parientes que vemos regularmente las que crean la mayor cantidad de tensión.

Las relaciones con los miembros de la familia también se pueden catalogar como mínimas, moderadas, fuertes, y de calidad. Puede que quieras revisar esas categorías en el capítulo uno conforme se las aplicas a los familiares de sangre y a los políticos.

Piensa en las personas con las que estás relacionado por matrimonio o por sangre: tus padres, tus padrastros, hijos, hijastros, abuelos, parientes políticos, tíos, tías, primos, sobrinos, sobrinas, etcétera. ¿Con quiénes tienes una relación casual? ¿Con quiénes tienes una relación más unida? ¿Con quiénes te llevas mejor? ¿Con quién te cuesta trabajo llevarte? ¿Cuáles son las razones para que te lleves bien con unos, pero no con otros? ¿Con quiénes tienes una relación mínima? ¿moderada? ¿fuerte? ¿de calidad?

El siguiente ejercicio te ayudará a evaluar y a identificar los niveles de relación que experimentas actualmente con tus familiares o parientes políticos. Toma una hoja de papel en blanco y numérala del uno al quince en el margen izquierdo. En la parte superior del papel escribe cuatro palabras seguidas

Mínima, Moderada, Fuerte, De Calidad, como aparece en el siguiente ejemplo del "Inventario de Relaciones Familiares.

Inventario de Relaciones Familiares

Nombre	Mínimo	Moderado	Fuerte	De calidad
1.				
2.				
3.				
4.				
5.				
6.				
7.				
8.				
9.				
10.				
11.				
12.				
13.				
14.				
15.				

Al lado de los números escribe los nombres de quince familiares con los que tengas más contacto. Determina la calidad de la relación que tienes con cada persona: mínima, moderada, fuerte, de calidad. Después, utilizando una marca diferente, indica el nivel de la relación que quieres alcanzar con cada persona en el futuro. Conforme revisas las marcas en tu hoja, te darás cuenta que tienes familiares a los que amas realmente, otros solamente te gustan, ¡y otros no te gustan para nada! La diferencia entre las dos marcas, si es que hay alguna, te mostrará la cantidad de trabajo que está delante de ti para mejorar cada relación.

Llevemos la evaluación un paso más adelante. ¿Con cuál de tus familiares te es más difícil llevarte? Quizás te ayudará a determinar la razón de tus problemas, las respuestas que des a las siguientes preguntas:

1. ¿Vives con o cerca de esa persona? ¿Por qué?
2. ¿Cómo te sientes con la cantidad de contacto que tienes por teléfono con esa persona? ¿Cómo te gustaría que cambiara esa cantidad?
3. ¿Cómo describiría esta persona tu relación con una tercera persona?
4. ¿Cómo te describiría esta persona ante alguien más?
5. ¿Evitas de alguna manera a esta persona? Si es así, ¿cómo lo haces?
6. ¿Cuándo estás junto con esta persona? ¿Es agradable? Si es así, ¿por qué? y si no es así, ¿por qué?
7. ¿Cómo responde esta persona cuando haces algo que querías hacer y no haces lo que te aconsejó?
8. ¿Cómo respondes cuando esta persona hace lo que quiere y no hace lo que le aconsejaste?
9. ¿Necesitas la aprobación de esta persona? Si es así, ¿por qué? ¿Cómo tratas de ganarte la aprobación de esta persona?
10. ¿Te ves con esta persona en reuniones de familia importantes tales como cumpleaños, aniversarios, días festivos, etcétera? Si es así, ¿Cómo la pasas? ¿De qué manera te gustaría que fueran diferentes?

Un problema familiar muy común involucra a los hijos adultos que salen de la casa para vivir por su cuenta y a los padres dejándolos que lo hagan. Nuestra hija se acaba de casar, saliendo de la casa a los veintisiete años de edad. Desde que tenía diecinueve años, se había ido y regresado en tres ocasiones. Es difícil para los padres el dejar libres a sus hijos aun cuando sean adultos. Cuando los padres continúan dando consejos que no se les han pedido o interfieren de otras maneras cuando sus hijos salen de la casa, pueden surgir sentimientos de ira. Y cuando esto ocurre, la elección del hijo es la de reprimir o exteriorizar esa ira. Éstas son las dos alternativas entre las que la mayoría de las personas eligen, pero hay otra opción: la de proponer una solución efectiva al problema. De hecho, ésta debería ser la meta principal en cualquier relación que se haga difícil.

Kent era un hombre de treinta y dos años de edad quien había vivido con sus padres hasta antes de casarse a los treinta años. Dos años después del casamiento, Kent y su esposa June vinieron a mi oficina. Se estaba desarrollando una tensión entre ellos. El problema era la madre de Kent, quien continuamente interfería en la vida de Kent. Suele suceder, muchas personas piensan, que la mayoría de los problemas entre familias ocurren entre el esposo y la madre de la esposa. Pero ese no es realmente el caso. En la mayoría de los casos, la mayoría de los problemas suceden entre la esposa y la mamá del esposo, como en la situación de Kent.

La madre llamaba a menudo a Kent y a June o los visitaba para molestarlos con consejos que no se le habían pedido. Kent tendía a ignorar lo que su madre decía, para enojarse tan pronto como se había marchado. El se resistía a confrontar el problema de frente.

Después de escuchar a Kent y a June relatar su historia, miré a Kent y le dije:

—¿Es esta la manera en que estás tratando con lo que hace tu madre? —lo desafié.

—Tienes razón, Norman —Kent estuvo de acuerdo—. No tengo nada que perder y se debe hacer algo. Realmente amo a mi esposa y a mis padres, pero me siento como si estuviera atrapado en medio de ambos. Sé que las intenciones de mamá son buenas la mayoría de las veces. Quizás contribuí al problema por no haberme salido de casa mucho antes. Ahora tengo que arreglar esta situación.

Le ofrecí una sugerencia que no era original, pero la cual ha probado dar buenos resultados en los problemas como los de Kent. Requería que Kent enfrentara de una forma diferente el problema. Kent tampoco tenía que esperar mucho tiempo para intentar este plan nuevo.

La semana siguiente la madre de Kent le llamó a casa para darle algunas sugerencias a qué lugar podía ir de vacaciones. La escuchó con paciencia, y después le dijo:

—Mamá, necesito compartir algo contigo. Me enoja un poco cuando haces sugerencias de lo que June y yo deberíamos hacer. Me doy cuenta de que nos amas y de que quieres lo mejor para nosotros. Y yo también te amo. Pero ahora que estoy aparte y que estoy casado, necesito mi independencia. Me gusta nuestra relación, pero tantas sugerencias me molestan. Me gustaría hacer algo por mi propia cuenta. Creo que daría mejor resultado si yo te llamara una vez por semana y tú me llamas también una vez por semana. Podemos compartir qué está pasando en nuestras vidas. Si tienes alguna sugerencia, por favor pregúntame si me gustaría escuchar tus ideas sobre ese tema. Creo que de esta manera disfrutaremos más de nuestra relación.

Kent se había preparado para lidiar con las diferentes formas en la que su madre podría haber respondido a esta conversación inicial. Podría estar lastimada y contra atacar. Podía ponerse a la defensiva y decir que sólo estaba tratando de ayudar Podía haber no llamado durante una o dos semanas. O podía haber contestado con comentarios de autocompasión. La madre de Kent hizo todas estas cosas. Pero, con el tiempo, la relación fue mucho mejor. Kent tuvo que volver a pedir lo mismo en dos llamadas subsecuentes hasta que su madre "tomó" la idea... Pero empezó a dar resultado.[1]

¿Tienes algunos familiares que respondan de esta manera? Si es así, ¿cómo te afecta? ¿Cómo respondes? Como en el caso de Kent y de June, habrá ocasiones cuando necesites sentarte con una tercera persona y dirigirte a ella para discutir el problema con los familiares o parientes políticos. Alguien que observe neutralmente puede que sea capaz de señalar maneras de resolver el problema. A menudo al facilitar una confrontación personal relacionada con un problema potencial, puede conllevar alivio en algo que te desagrada. Por este medio se te da la oportunidad de afrontar la situación en un medio ambiente seguro, con el beneficio de poder practicar tus respuestas antes de que se produzca el encuentro.

El alto costo de no relacionarse

He tenido a personas que me dicen durante la sesión de consejería: "Ahora que soy un adulto, pensé que la vida iba a ser diferente. Asumí que no tenía que preocuparme más porque hubiera tensiones en la familia. No quiero involucrarme con algunos de los irritantes miembros de mi familia, estaría contento con no volver a ver algunos de ellos".

¿Te has sentido de esta manera en alguna ocasión? Por supuesto, como adulto puedes ignorar a los miembros de la familia con los cuales encuentras difícil el relacionarte. Pero hay un precio que pagar al evitar relaciones con los familiares. Puede que quieras evaluar cual va a ser el costo para ti y para los demás antes de que decidas el no resolver los conflictos familiares.

Primero, al fracasar en resolver los conflictos familiares, puede que experimentes ira y te sientas tenso cada vez que tengas contacto con esa persona. Aun más, tus sentimientos negativos generalmente salpicarán a otros miembros de la familia, complicando el problema.

Segundo, los conflictos sin resolver pueden hacer que temas a las reuniones familiares en los años siguientes. Muchas personas están contentas con anticipación al pensar que van a estar con su familia y se pasan meses preparándose para aquellas ocasiones. Pero si tienes problemas sin resolver, tu anticipación por estos eventos puede ser cualquier cosa pero no alegría. Es como si estuvieras parado sobre agujas y alfileres. Tu ansiedad va a aumentar conforme se acerca la fecha. Entonces utilizas una sonrisa plástica para poder salir adelante, mientras que para tus adentros estás lleno de ansiedad. ¿Crees que valga la pena toda esta tensión por no llevarte bien con alguien?

Tercero, está el sentimiento de culpa. Por ejemplo, hay muchas personas por ahí que están llenas de culpa y de remordimiento porque fracasaron en resolver los conflictos familiares con personas que murieron inesperadamente. ¿Por qué esperar para aclarar los problemas hasta que ya es demasiado tarde? He hablado con muchas personas que me han dicho: "Estoy contento de haber ido a esa persona cuando lo hice. Si hubiera esperado otra semana hubiera sido demasiado tarde". Otra persona me dijo: "Me siento mucho mejor al haber trabajado en mis relaciones con mi padrastro hasta llegar a un nivel positivo. Me dio mucha tristeza cuando murió en un accidente, pero sé que todo estaba bien entre nosotros y no hay nada de qué lamentarse". ¿Podrías decir esto de las relaciones con las cuales tienes problemas?

Una cuarta dificultad aun mayor al escoger el ignorar las relaciones problemáticas es el efecto que puede tener en tus hijos. Algunos adultos que no se relacionan con los miembros de la familia les niegan a sus hijos la oportunidad de relacionarse con su otra familia. El restringir las relaciones de un niño con los miembros de la familia les puede robar la alegría de valiosas relaciones con tías, tíos, primos, abuelos, etcétera.

Quinto, los conflictos no resueltos en la familia llevan a reacciones extremas y a profecías que se cumplen por sí mismas. Te vuelves demasiado sensible al pariente con el cual tienes problemas hasta el punto que lees en sus comentarios el significado de respuestas que son falsos. Puede que hasta le estés respondiendo negativamente a cualquiera que te recuerde a esa persona, echando ira y amargura sobre personas que no la esperan ni la merecen.

Por último, el perpetuar las relaciones no resueltas significa que vas a llevar una carga excesiva emocionalmente sobre una ansiedad innecesaria. Sabes que esa persona es parte de tu vida —lo aceptes o no—, y tú llevas contigo la imagen de lo que debería o de lo que podría ser esa relación, pero no lo es.

La tensión entre ambos crea una carga emocional que te va a causar dificultades hasta que esa conflictiva relación se resuelva.[2]

Qué hacer para NO resolver los conflictos familiares

Debería ser obvio para todos que un elemento básico para llevarse bien con los familiares es resolver los conflictos que haya en la familia. Antes de hablar acerca de cómo resolver los problemas en las relaciones familiares, quiero compartir contigo algunos métodos que no te darán resultado. Me he interesado en la lectura de las sugerencias mencionadas por el doctor Leonard Felder, quien garantiza que las mismas, de ser puestas en práctica, empeorarán todas las relaciones en lugar de mejorarlas.

Primero está la práctica de *la sonrisa congelada.* ¡Esta táctica está extraída directamente de la edad de hielo! Usted se sienta junto a sus familiares en una reunión y fuerza una sonrisa para disimular su disgusto por tener que estar en el mismo salón junto a su insoportable vieja tía Gertrudis. Detrás de su sonrisa se esconde su deseo de empezar a gritarle. Usted puede sentarse en calma entre todos, pero deseando en sus adentros el estar en cualquier otro lugar. Usted ha tratado de engañar a su familia, incluso a usted mismo, pero ¿ha resuelto algo esa falsa calma exterior que se ha empeñado en proyectar vanamente?

Tenemos entonces, el método de la *escuela-reformatorio*, el que consiste en tratar de reformar a algunos de nuestros familiares con quienes estamos obligados a relacionarnos. Les damos consejos acerca de cómo corregir su comportamiento y esperamos que ellos nos estén escuchando para llevarlos a cabo. Pero, ¿cuántas veces ha visto que esto haya dado resultado alguno? Parece que cuando nos acercamos a nuestros familiares con un criticismo constructivo, ellos anticipan adónde vamos y visten sus mentes de la necesaria fortaleza para resistirnos.

¿Cuántas veces han tratado tus familiares de reformarte? De todas maneras, sin embargo, puedes tomar estas cosas de manera positiva. Un hombre me dijo: "La última vez que me encontré con mi antipático tío, sabía que estaba dispuesto a meterse conmigo de la manera en que siempre lo hace. Así que empecé la conversación diciéndole todo lo que sabía que él me iba a decir. En tono agradable le dijo: "Si eso es lo que me ibas a decir, tío Bill, puedes ver que ya yo lo sabía. Como ves, no he hecho caso de tus consejos en el pasado, y no hace falta que me repitas nada más. Puesto que hemos aclarado ese asunto, ¿de qué otra cosa te gustaría hablar?" No supo qué decir, pero terminamos teniendo una de las mejores conversaciones que alguna vez hayamos tenido. Creo que me respetó más después de eso, me empezó a tratar como a un adulto en lugar de tratarme como a su sobrinito".

Algunas personas prefieren la técnica de la *distracción* en las relaciones familiares, para evitar el contacto con los familiares que no les gustan. Por ejemplo, una distracción comúnmente utilizada para evitar los conflictos en las reuniones familiares es la de comer hasta más no poder. Ya sea refugiándote en la cocina y pasártela probándolo todo, o a la hora de la comida manteniendo la boca bien ocupada, lo que te da una excusa para no hablar. Esa forma puede que dé resultado por un tiempo, pero pronto tu estómago se rebelará y te darás cuenta de que no has logrado nada positivo.

Otra forma equivocada de acercarse a los conflictos familiares es la *búsqueda de la excusa*. Hay quienes se la pasan buscando excusa tras excusa para molestar al pariente irritante. El primo Claudio piensa: "Si el primo Carlos vuelve a sacar el tema una vez más, le voy a decir lo que realmente siento". ¿Y qué es lo que sucede? Carlos vuelve a sacar el tema porque Claudio, consciente o inconscientemente está dirigiendo la conversación hacia ese tema para poder echárselo en cara a Carlos. Claudio tiene la excusa que necesitaba para volver a encender el fuego del problema familiar, y a menudo se sale de allí como si fuera la víctima inocente.

Algunos miembros de la familia utilizan la táctica que llamamos la del *chivo expiatorio* para los conflictos. Estas personas parecen hacer un sacrificio tras otro por los demás miembros de la familia. Pero tienen algo escondido. Ceden un poco de sí mismos para colocar la culpa sobre la otra persona y así poder obtener lo que quieren sacar de esa relación.

Finalmente, está el método que consiste en decir *no me lastima.* Probablemente el error más común que cometen los miembros de la familia es el negar el dolor que sienten en la relación. Pero a pesar de negarlo, la herida emocional permanece a flor de piel. Cuando entierras tus heridas en lugar de exponerlas, las estás enterrando vivas, y van a volver a salir de las maneras más desagradables. Por ejemplo, muchos casos de obesidad están directamente relacionados con la ira familiar que no ha sido resuelta. El comer demasiado es un intento de cubrir el dolor interno. La tensión alta y el estrés también son síntomas de un dolor enterrado.[3]

¿Puedes identificar alguno de estos improductivos métodos para lidiar con los conflictos familiares, confrontándolos con la lista de los familiares que evaluaste anteriormente en este capítulo? ¿Eres o has sido culpable de complicar las relaciones familiares al haber empleado estos métodos tú mismo?

Pasos positivos para llegar a tener relaciones positivas

El tener soluciones efectivas para los conflictos familiares involucra el hacerse cargo de la situación en lugar de dejar que la situación te controle a ti. Aquí enumeramos diez pasos positivos que puedes tomar para que te ayuden a cambiar las relaciones familiares negativas en unas que sean positivas.

1. Aplica las sugerencias anteriores. Recuerda: Cada sugerencia dada en este libro para llevarte bien con las personas se aplica a los miembros de la familia al igual que a los compañeros de trabajo, amigos, vecinos, etcétera. Puede que desees volver a leer los capítulos anteriores, teniendo en mente los nombres de los miembros de la familia que te dan problemas. Considera cómo puedes aplicar a tu relación familiar que te da problemas, los principios que ya se han discutido.

Por ejemplo, en el capítulo uno se sugiere la empatía como una característica principal para las relaciones positivas. Al relacionarte con los miembros de la familia, los valores personales, las formas de hacer las cosas, y las expectaciones a menudo se convierten en las bases del conflicto. Cada persona trata de imponer sus propios valores, su forma de hacer las cosas, y sus expectaciones sobre los miembros de la familia. A menudo nos sentimos insultados y nos irritamos cuando los familiares nos llenan de opiniones que difieren de la nuestra. Si tú tienes el mismo trasfondo o las mismas experiencias en la vida, puede que termines teniendo la misma opinión. Esa es la empatía: el ver la vida a través de su perspectiva.

No tienes que estar de acuerdo con las opiniones de tus familiares, pero al menos puedes ser cortés y escucharlos y entender su perspectiva. También puedes aprender a explicar tu perspectiva con calma mientras demuestras amor y respeto por ellos y por sus opiniones.

2. *Identifica las expectaciones.* No solamente necesitas identificar las expectaciones que tienes de los miembros de la familia, sino que tienes que investigar cuáles son las expectaciones que ellos tienen de ti. Ya sea que nos demos cuenta o no, cada uno opera con su lista de expectaciones. Por esto es que les aconsejo a los ministros que se presentan como candidatos para una posición en una iglesia, que le pidan a los miembros de la directiva una lista de las cosas que esperan del pastor y de su esposa. Después les sugiero que él someta una lista de lo que él espera de parte de la iglesia. Las listas específicas ayudan a dispersar los mitos antes de que crezcan y se conviertan en mayores desilusiones y más grandes problemas.

En las relaciones familiares, las expectaciones a menudo se basan en las presunciones acerca de cómo deberían de ser las personas y qué es lo que deberían hacer. Los problemas ocurren porque los miembros de la familia no están cumpliendo con las expectaciones de los demás. Lo que es peor, la mayoría está cansada de estar haciendo el intento de complacer a otros. Expectaciones no cumplidas llevan a la ira y al resentimiento. Las expectaciones que no son cumplidas se convierten en demandas, las cuales, cuando son resistidas (¡como casi siempre sucede!), desatan una avalancha de reacciones y de sentimientos negativos.

Cuando alguien no llega a cumplir las expectaciones que tienes, ves a tal persona como si estuviera equivocada. Y mientras más tratan unos de probar que los otros están mal, y viceversa, nunca van a lograr ponerse de acuerdo acerca de quién tiene la razón. Los conflictos familiares de este tipo han estado sucediendo por miles de años. No creas que vas a escaparte de ellos si fracasas en identificar las expectaciones que están involucradas.

3. Pon en claro qué es lo que tú quieres en la relación. Si terminaste el ejercicio incluido a principios de este capítulo has identificado tus relaciones familiares como casuales, unidas, mínimas, moderadas, fuertes, o de calidad en su naturaleza. El segundo paso —a dónde quieres que llegue tu relación— es de igual importancia. Al decidir en qué quieres que se convierta tu relación, estableces el camino del crecimiento. Debes de estar consciente de que debes tomar el primer paso para ver que este crecimiento se lleve a cabo. El esperar que la otra persona te guie te coloca bajo su control. Puede que él nunca dé el primer paso, pero tú puedes hacerlo.

4. Concéntrate en los buenos tiempos. Pasa algún tiempo pensando en las ocasiones de tu vida cuando tus relaciones con los miembros irritantes de la familia eran agradables. Determina qué hizo a esas ocasiones agradables y qué es lo que puedes hacer para volver a obtener esas cualidades.

5. Familiarízate más. ¿Cuánto sabes acerca de los problemas de la vida de tu familiar y de su trasfondo? ¿Qué eventos contribuyeron para que sean de la forma que son ahora? ¿Qué puedes hacer para saber más de ellos y de su pasado? Sé de algunas personas que se han sentado con sus familiares para discutir la historia individual y la de la familia. Otros han ido a través de un álbum de fotos con un familiar para poder hacer preguntas y tener un trasfondo.

6. Descubre las razones para el criticismo. Si el otro miembro de la familia se ha estado entrometiendo en tu vida por algún tiempo, o constantemente es crítico contigo, investiga el por qué le has permitido que haga eso. Quizás te estás relacionando con esa persona como si fuera un padre o un hijo en lugar de que si sólo fuera un compañero más.

7. Explora tus sentimientos. Haz una lista de todos tus sentimientos hacia esa persona. Después indica cuáles son los sentimientos que quieres mantener contigo y cuáles son los que quieres dejar a un lado. Haz una lista de los sentimientos positivos que te gustaría desarrollar, pero que no aparecen en la lista. Determina qué es lo que necesitas hacer para erradicar tus malos sentimientos y para alimentar los buenos.

Es mejor el no llevar dentro una carga de ira o de resentimiento hacia un miembro difícil de la familia. Por ejemplo, si experimentas un encuentro desagradable con un familiar que te deja sintiéndote enojado, escríbele inmediatamente una carta a esta persona —una carta que no vas a enviar. En esta carta describe todos los sentimientos que tienes en el momento, los sentimientos que te gustaría tener, la clase de relación que crees que es posible tener, y cómo es que vas a orar por esa persona durante la siguiente semana. Siéntate a solas enfrente de una silla vacía y lee la carta en voz alta como si tu familiar te estuviera escuchando. Después destruye tu carta. Te vas a dar cuenta que sacando tu ira de esta manera consigues continuar con la vida sin un equipaje de sentimientos innecesarios.

8. Perdona a los demás. Si has sido ofendido por un miembro de la familia, perdónalo. Puede que digas: "Pero Norman, si tú supieras...." Sí, estoy seguro de que has de haber sido lastimado profundamente, pero el permitirle a esas lastimaduras el vivir dentro de ti te lastima aun más. Haz una lista de los beneficios del perdonar y del no perdonar, después compara las listas. Si necesitas ayuda en el proceso de perdonar a los demás, te recomiendo que leas un libro que trate sobre el perdón, como un recurso útil.

9. Presenta nuevas alternativas. Cuando te reúnes con tus familiares, ¿puedes predecir qué es lo que se va a decir, qué es lo que va a suceder?, ¿qué comidas se van a servir, etcétera? No hay que maravillarse de que las familias no se lleven tan bien. A menudo las tradiciones familiares son tan predecibles que las personas se aburren, y el aburrimiento lleva a la irritación y al conflicto.

Sé como es eso. Durante veintisiete años nuestras cenas en el Día de Acción de Gracias eran bastante predecibles, siempre se servían en una de las casas de nuestros familiares del sur de California. Pero recientemente tratamos algo diferente. Joyce y yo llevamos a nuestras madres a una cabaña en las montañas, y pasamos la noche allí, celebrando este día. Otros familiares nos visitaron durante el fin de semana y tuvimos un tiempo maravilloso.

¿Qué puedes hacer que sea diferente para introducir un nuevo sabor a las reuniones familiares? Algunas familias tienen cenas especiales en donde cada uno trae algo de comer para que nadie tenga que preparar una comida en grande para todos. Algunas familias se reúnen en restaurantes y le dejan el cocinar y el limpiar a otros.

¿Qué acerca de esas aburridas conversaciones familiares? Alguna veces el poner una regla para no hablar sobre temas demasiado hablados permitiría que nuevos temas se discutan. Una familia empezó la tradición de que cada miembro de la familia presentara un tema de conversación del cual la familia nunca había hablado antes. Sus reuniones familiares ahora son mejores y se disfrutan, y se esperan con anticipación y no se les teme.

10. Anticipa cambios que mejoren. Es posible que tus relaciones familiares mejoren. El cambio puede que no ocurra en las personas con las que tienes problemas, pero eso es parte del asunto. El cambio en ti será suficiente. Mantén una actitud en la cual pienses que es posible que todos pueden cambiar.

He escuchado muchas razones por las cuales una familia nunca va a cambiar:

"Pero Norman, realmente he tratado todo".

"Pero Norman, no conoces a esta persona. Es tan terca".

"Pero Norman, ¿cómo puedo llevarme bien con mi tía si nadie más puede hacerlo?

"Pero Norman, no vale la pena el esfuerzo. Voy a continuar evitándolo".

"Pero Norman, ella ha sido así por sesenta y ocho años. ¿Realmente crees que puede cambiar?"

Cuando esperas que las personas se queden como son, y cuando tú esperas seguir siendo tú mismo, tus expectaciones se van a cumplir. Es muy fácil el concentrate en las cosas negativas de los demás. Pero en lugar de eso, necesitamos ver a otros de la manera en que Dios los ve. Cada cosa negativa tiene un lado positivo. Necesitas volverte un explorador muy talentoso que busque las áreas fuertes y quien descubra el potencial en los miembros de tu familia. Tu llamado en las relaciones familiares difíciles no es para contribuir a los problemas, sino el de contribuir a la solución.

Sobre todo, sé un animador en tu familia. Pablo escribió: "Por lo cual, animaos unos a otros, y edificaos unos a otros" (I Tesalonicenses 5:11). ¡Qué mejor lugar puede haber para aplicar este versículo sino entre tus familiares! Puedes cambiarte a ti mismo. Puedes cambiar las relaciones de tu familia.

Me gusta mucho la historia del Antiguo Testamento de Caleb y Josué. Doce espías fueron enviados a la Tierra Prometida, y cuando regresaron dieron un informe conflictivo. Como dice Chuck Swindoll: "Diez vieron el problema; dos vieron la solución. Diez vieron los obstáculos; dos vieron las respuestas. Diez se impresionaron con el tamaño de los hombres. Diez se enfocaron en lo que no se podía hacer; dos se enfocaron en lo que se podía hacer fácilmente por medio del poder de Dios".[4]

Quizás haya ocasiones en las que nos sintamos como los diez que dudaron, cuando nosotros mismos dudamos de que nos podamos llevar bien con las personas. Pero la respuesta de Caleb y de Josué aun da resultado para nosotros conforme miremos a nuestras relaciones de la manera en que ellos vieron a la Tierra Prometida. Date y dale a otros el beneficio de la duda. El retirarte por temor no te lleva a nada. El enfrentar las cuestiones y los obstáculos de las relaciones es la única manera de crecer en ellas.

Y, gracias a Dios, no necesitamos hacerlo en nuestras propias fuerzas. Deja que Dios te guie en tus relaciones y verás qué fácil puede ser el llevarte bien con casi todo el mundo.

Notas

PARA LA EDICION EN ESPAÑOL: Esta bibliografía se incluye para el uso de aquellos que pueden leer el inglés, idioma en que originalmente fue escrita esta obra, y para dar crédito a las fuentes de las cuales se valió el autor para información o apoyo. Se ha dejado sin traducir porque casi todas las obras citadas existen sólo en el idioma inglés.

Capítulo 1

1. Myron Rush, *Hope for Hurting Relationships* (Wheaton, IL: Victor Books, 1989), adaptado de la p. 29.
2. Carol C. Flax and Earl Ubell, *Mother, Father, You* (Ridgefield, CT: Wyden Books, 1980), adaptado de las pp. 192-201.
3. Rush, *Hope for Hurting Relationships,* p. 21.
4. Leo Buscaglia, *Loving Each Other* (New York: Holt, Reinhart and Winston, 1984), p. 15.
5. Dale Carnegie, *How to Win Friends and Influence People* (New York: Pocket Books, 1936), adaptado de las pp. 55-56.
6. Charles Swindoll, *The Quest for Character* (Portland, OR: Multnomah Press, 1988), adaptado de la p. 67.
7. Margery Williams, *The Velveteen Rabbit* (New York: Avon, 1975), pp. 17-18.
8. Charles Swindoll, *Desafío a servir*, (Editorial Betania), 1981.
9. Alan Loy McGinnis, *The Friendship Factor* (Minneapolis, MN: Augsburg, 1979), adaptado de las pp. 36-37.
10. Lorraine Hansberry, *Raisin in the Sun* (New York: Signet Books, 1959). p. 121.
11. Robert Bolton, *People Skills* (Englewood Cliffs, NJ: Prentice Hall, Inc., 1979), adaptado de las pp. 259-272.

Capítulo 2

1. J.I. Packer, *Conociendo a Dios,* (Editorial Clie), 1973.

2. David Seamands, *Healing Grace,* (Wheaton, IL: Victor Books, 1988), p. 142.

3. Harold Bloomfield and Leonard Felder, *Making Peace with Yourself* (New York: Ballantine Books, 1985), adaptado de las pp. 1-8.

4. Lloyd John Ogilvie, *Discovering God's Will in Your Life* (Eugene, OR: Harvest House Publishers, 1982), pp. 144-145. Usado con permiso.

5. H. Norman Wright, *Uncovering Your Hidden Fears* (Wheaton, IL: Tyndale House Publishers, 1989), adaptado de los capítulos 1-2.

6. Doctor Sidney Simon, *Getting Unstuck* (New York: Warner Books, 1988), adaptado de las pp. 236-240.

7. David Burns, *Feeling Good* (New York: Signet Books, 1980), pp. 325-326.

8. Alan Loy McGinnis, *Bringing Out the Best in People* (Mineapolis, MN: Augsburg Publishing House, 1985), adaptado de las pp. 71-72.

9. Herman Gockel, *Answer to Anxiety* (St. Louis, MO: Concordia Publishing House, 1961). Sin número de página.

10. William y Kristi Gaultiere, *Mistaken Identity* (Old Tappan, NJ: Fleming H. Revell, 1989), adaptado de las pp. 94-95.

11. Charles Swindoll, *Living above the Level of Mediocrity* (Waco, TX: Work Books, 1987), p. 29.

12. Ibid., p. 26.

Capítulo 3

1. Michael E. McGill, *Changing Him, Changing Her* (New York: Simo and Schuster, 1982), adaptado de las pp. 29-38.

2. Ibid., p. 257.

3. Ernie Larse, *Stage II Recovery* (San Francisco: Harper and Row, 1987), adaptado de las pp. 34-37.

Capítulo 4

1. Ernie Larsen, *Stage II Relationships* (San Francisco: Harper and Row, 1987), p. 34.

2. Alan Loy McGinnis, *Bringing Out the Best in People* (Mineapolis, MN: Augsburg Publishing House, 1985), adaptado de la p. 29.

3. Larsen, *Stage II Relationships,* pp. 54-55.

4. Ibid., adaptado de las pp. 34-40.

5. Anthony Campolo, *Who Switched the Price Tags?* (Waco, TX: Work Books, 1986), pp. 69-71.

6. Carmen Renee Berry, *When Helping You Is Hurting Me* (San Francisco: Harper and Row, 1988), p. 45.

7. Ibid,. adaptado de las pp. 42-47, 57-60.

8. Joseph Bayly, *Psalms of My Life* (Elgin, IL: David C. Cook Publishing Co., 1969), pp. 40-41. Usado con permiso.

Capítulo 5

1. Gene Getz, *Living for Others When You'd Rather Live for Yourself* (Ventura, CA: Regal Books, 1985), p. 21.

2. Robert Anthony, *Super Persuasion* (New York: Berkley Books, 1973), adaptado de las pp. 45-48.

3. Robert Conklin, *How to Get People to Do Things* (New York: Ballantine Books, 1979), adaptado de las pp. 113-115.

4. Ibid,. adaptado de las pp. 34-40.

Capítulo 6

1. Dale Carnegie, *How to Win Friends and Influence People* (New York: Pocket Books, 1936), adaptado de la p. 92.

2. Carol C. Flax and Earl Ubell, *Mother, Father, You* (Ridgefield, CT: Wyden Books, 1980), adaptado de las pp. 43-55.

3. Aaron T. Beck, *Love Is Never Enough* (New York: Harper and Row, 1988), adaptado de las pp. 74-75.

4. Christopher News Notes, Number 195, mimeografiado.

Capítulo 7

1. Robert Bolton y Dorothy G. Bolton, *Social Style/Managemente Style* (New York: AMACOM, 1984), adaptado de la p. 11.

2. Ibid., adaptado de las pp. 20-24, 33.

3. Otto Kroeger y Janet M. Thuesen, *Type Talk* (New York: Delacorte Press, 1988), adaptado de los capítulos 3-6.

Capítulo 8

1. Jerry Greenwald, *Be the Person You Were Meant to Be* (New York: Dell Publishing Co., 1979), adaptado de las pp. 224-226.

2. Theodora Wells, *Keeping Your Cool Under Fire* (New York: McGraw-Hill Book Co., 1979), adaptado de las pp. 45-50.

3. Robert Anthony, *Super Persuasion* (New York: Berkley Publishing Crop., 1973), adaptado de las pp. 90-91.

4. Harold H. Bloomfield, *Making Peace with Yourself* (New York: Ballantine Books, 1985), adaptado de las pp. 84-85.

5. Dale Carnegie, *How to Win Friends and Influence People* (New York: Pocket Books, 1936), pp. 41-42.

6. Ibid., pp. 43-44.

Capítulo 9

1. Robert M. Bramson, *Coping with Difficult People* (Garden City, NJ: Anchor Press/Doubleday, 1981), adaptado de las pp. 69-80.

2. Ibid., adaptado de las pp. 115-128.

Capítulo 10

1. Harold Bloomfield, *Making Peace with Your Parents* (New York: Random House, 1983), adaptado de las pp. 58-59.

2. Leonard Felder, *A Fresh Start* (New York: Signet Books, 1987), adaptado de las pp. 98-100.

3. Ibid., adaptado de las pp. 103-105.

4. Charles R. Swindoll, *Living above the Level of Mediocrity* (Waco, TX: Word Books, 1987), p. 100.